음양사 해부도감

이능의 힘과 지식을 지닌
신비의 존재

가와이 쇼코 지음　강연

AK TRIVIA SPECIAL

목차

제 1 장 음양사의 역할과 귀족사회

목차

제 4 장　음양도와 음양사의 역사 I

제 5 장　음양도와 음양사의 역사 II

제 6 장 실생활에서 활용할 수 있는 음양도

여러분은 음양사 아베노 세이메이(安倍晴明)라 하면 어떤 인물을 떠올리는가.

지금보다 어둠이 짙었던 헤이안쿄. 그곳에는 요괴가 둥지를 튼 「나성문(羅城門)」이 있으며, 백귀야행이 횡행하는 「아와와노쓰지(あわわの辻)」가 있으며, 원령이나 귀신과 같은 이형의 존재들이 들끓었다. 그런 어둠 속에서 살아가는 이형의 존재들에 맞서 주술이나 식신을 구사하여 퇴치하는 다크 히어로를 떠올리는가. 아니면 사람으로 변신할 수 있는 영력을 지닌 여우에게서 태어난 수수께끼가 많은 인물로, 짐승과 새의 말을 이해하고 상자 안의 내용물을 보지도 않고 바로 맞출 수 있는 일종의 초능력자와 같은 존재를 떠올리는가.

작금의 영화나 만화, 애니메이션 등에 등장하는 음양사나 아베노 세이메이의 이미지는 언제나 그러한 이능의 힘을 지닌 수수께끼의 존재로 그려지는 경우가 많다.

그러나 본디 음양사란 율령제도 하의 중무성에 속한 기관의 하나인 음양료의 관료에 불과했다. 음양료는 당시 가장 선진국이었던 중국에서 수입한 기술을 구사하여 천문관측을 통해 일식과 월식, 혜성 등의 천변지이를 예측하고 천황에게 보고하거나 달력을 만들어 하루하루의 길흉을 알아내거나, 시계를 관리하거나, 아니면 점을 통해 토지를 선정하는 등의 활동을 하는 당시의 최첨단 과학기술 기관이었으며, 음양사는 그 기관에 속한 과학기술자였다.

그러나 헤이안 시대(794~1185)에 들어 천재지변이나 병의 원인이 원령과 강한 관련이 있다고 여기게 되어 그 원인을 찾고 제사나 하라에(祓え)로 해결을 꾀하는 음양사들은 범인과는 다른 특수한 능력을 지닌 자들이라 여겨지게 되었다. 그에 더해 미래를 예지하고 기우제를 지내 비까지 내리게 할 수 있는 음양사들이라면 그 힘을 구사하여 사람을 저주해 죽일 수도 있다고 믿어지게 되어 음양사라는 존재가 관료에서 주술사로 크게 변화했다.

현재의 음양사와 아베노 세이메이에 대한 이미지도 마찬가지로 그러한 헤이안 시대로부터 이어져 내려오는 음양사에 대한 동경과 공포의 심정이 만들어낸 것이라 할 수 있으리라.

이 책에서는 아베노 세이메이가 어떠한 인물이었는가, 일본에서 음양사는 어떤 변화를 거쳐 왔는가, 그런 변천사에 대해 풀어 나가고자 한다.

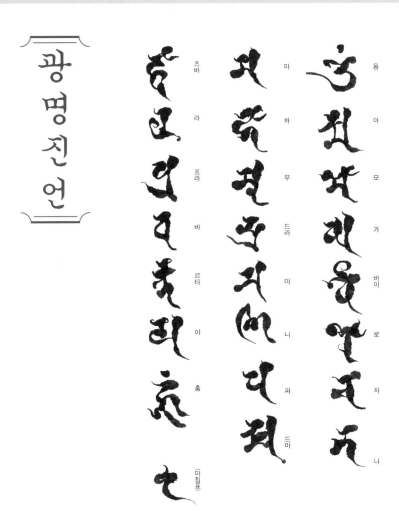

옴 아모가 바이로 자나

마하무드라 마니 파드마

즈바라 프라바르타야 훔 (마침표)

이 것은 범자(梵字)로 쓰인 진언이다. 범자란 고대 인도의 말인 산스크리스트어를 적기 위한 문자를 뜻하고, 진언(眞言)이란 진리를 뜻하는 거짓 없는 진실한 말을 뜻하며, 불교의 가르침을 설파할 때 쓰이는 말이다. 이 광명진언(光明眞言)은 대일여래의 진언으로, 외우면 모든 재액과 죄에서 벗어나는 힘이 있다고 한다.

진언은 훗날 불교가 되는 밀교에서 읊어지며 「주(呪)」라고도 불린다. 이 책에서 자세히 해설하겠으나, 밀교와 음양도는 떼려야 뗄 수 없는 관계였다. 과학이 발전하지 않은 시대, 사람들은 온갖 신앙에서 구원을 바랐다. 그런 때야말로 음양사의 존재는 사람들의 마음의 안식처였던 것이다.

음양사의
역할과 귀족사회

본디 음양사란 당시의 최첨단 과학기술 기관인 음양료
의 관료였다. 즉 국가공무원이었다. 엘리트인 그들은
천문을 관측하여 천재지변을 예측하고 천황에게 보고
하였으며, 달력을 만들어 하루하루의 길흉을 점치고
시각을 관리했다. 동시에 점을 통해 토지를 선정하는
등 국가에 반드시 필요한 존재였다. 그들의 업무에 대
하여 자세히 알아보자.

토지의
길흉을 읽어내다

상지*로
수도를
선정하다

헤이안쿄는 사신에 상응하는 땅

현무·북

북방을 수호하는 성수로, 거대한 거북이와 뱀이 합체한 모습이다. 오행의 계절은 겨울로, 색은 검정(현)에 대응한다. 이십팔수에서는 북방칠수를 관장한다.

동방을 수호하는 성수로, 오행의 계절은 봄, 색은 파랑(녹)에 대응한다. 천문의 이십팔수에서는 동방칠수를 관장한다.

후나오카산

백호·서

헤이안쿄

청룡·동
가모가와(강)

산양·산음도

서방을 수호하는 성수로 오행의 계절은 가을, 색은 흰색(백)에 대응한다. 「예기(禮記)」에서 서쪽의 성수는 백호가 아니라 기린이라 저술되기도 한다. 이십팔수에서는 서방칠수를 관장한다.

오구라 연못

남방을 수호하는 성수로 불의 새, 봉황과 동일시되기도 한다. 오행의 계절은 여름으로, 색은 빨강(주)에 대응한다. 이십팔수에서는 남방칠수를 관장한다.

주작·남

사신은 헤이안쿄라는 수도뿐만 아니라 그곳에 거주하는 천황도 지켰다. 간무 천황이 「이 나라는 산하금대(山河襟帯)*」로, 자연스럽게 성을 이룬다」며 기뻐하였다고 한다. 「보궤내전금오옥토집(簠簋内傳金烏玉兎集)」(50p)에는 사신상응의 땅이 아닌 곳에 살 때 수비를 만족시키는 방법으로 「집의 중심에서 보았을 때 동쪽에 버드나무를 여덟 그루, 서쪽에 매화나무를 아홉 그루, 남쪽에 오동나무를 일곱 그루, 북쪽에 회화나무를 여섯 그루」 심으라고 적혀 있다.

과거 덴무(天武) 천황 13년(684), 덴무 천황은 오오토모노 야스마로(大伴安麻呂)에게 음양사들을 대동시키고 교토 인근에 파견하여, 수도로 삼기에 걸맞은 곳을 시찰하고 점치도록 했다는 기록이 있다. 수도로 삼기에 걸맞은 곳을 찾아 토지의 상을 점치는 것은 음양사의 중요한 업무 중 하나였다.

구체적으로 말하자면 수도에 상응하는 것은 「사신상응(四神相應)」의 땅이었다고 한다. 와도(和同) 원년(708)에 겐메이(元明) 천왕이 발표한 헤이조쿄 천도 조칙에는 「사금, 도식에 들어맞으며, 카구야마(香久山), 미미나시야마(耳成山), 우네비야마(畝傍山)의 세 산을 남방의 진호로 삼으며, 지상을 점친 결과도 좋다」고 되어 있는데, 여기서 사금이란 「북쪽의 현무, 동쪽의 청룡, 남쪽의 주작, 서쪽의 백호」의 성수를 뜻하며, 그것이 「도식에 들어맞는다」는 말은 각각의 방위에 대응하는 성수가 있음을 의미한다.

물론 정말로 청룡이나 백호와 같은 성수가 살고 있다는 뜻은 아니며, 초기의 음양도에

*상지: 풍수지리에서, 땅의 생김새를 보고 길흉을 판단하는 일(역주).
*산하금대: 산이 옷깃처럼 둘러 솟아 있고 강이 띠처럼 감돌아 있는 곳이라는 뜻으로 자연의 요충지를 이르는 말(역주).

능묘 선정을 담당하다

헤이안 2년(858)에 음양박사 시게오카노 가와히토(滋岳川人)는 대납언인 아베노 야스히토(安倍安仁) 등과 몬토쿠(文德) 천황의 능묘를 선정하고 토지를 진정시키기 위한 동중서의 법을 치렀다. 『곤자쿠모노가타리(今昔物語)』에서는 이 일이 토지신의 분노를 사 야스히토와 가와히토는 토지신에게 쫓겨 목숨을 잃을 뻔하나, 가와히토가 주문을 외워 토지신이 모습을 보지 못하도록 했기 때문에 살아남았다는 에피소드가 실려 있다.

교토시 우쿄구 우자마사산비쵸에 남아 있는 몬토쿠 천황의 것이라 여겨지는 능묘, 다무라노 미사사기.

토지신

가와히토는 헤이안 초기의 명망 있는 음양사로 천문 관측이나 은형둔갑의 술에 능했다. 토지의 길흉을 보는 법을 적은 『택간경(宅肝経)』이라는 저작도 있다

시게오카노 가와히토(?~874)

절과 신사의 지상을 점치다

조호(長保) 6년(1004) 2월 19일, 교토 우지시 고하타에 후지와라 일족의 명복을 빌기 위해 조묘지 삼매당을 세우고자 한 후지와라노 미치나가(藤原道長)는 세울 자리를 아베노 세이메이와 가모노 미쓰요시(賀茂光栄)에게 점을 쳐 선정하도록 했다(『어당관백기(御堂関白記)』). 조묘지(浄妙寺)는 유감스럽게도 남아 있지 않으나 발굴조사에 의해 삼매당터와 다보탑터로 추정되는 유구*가 확인되었다.

삼매당　　→ **다보탑**

조묘지 추정 복원도

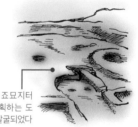

조사를 통해 조묘지터의 서쪽을 구획하는 도랑과 서문이 발굴되었다

서는 현무, 청룡, 백호는 높은 산, 주작은 큰 호수나 평원을 가리켜 특정한 지형을 뜻했다.

확실히 헤이조쿄도 헤이안쿄도 삼면이 산으로 둘러싸이고 남쪽은 탁 트여 있다(헤이안쿄 조영 당시, 남방에는 오구치 연못이라는 거대한 연못이 있었다). 옛날 수도를 만들 때는 편리성 이외에도 이러한 토지의 길상이 무엇보다 중요했으며 이를 점치는 음양사의 책무는 매우 무거웠다.

헤이안 시대의 풍속

1

헤이안 시대의 귀족들의 식사는 아침 10시 정도와 저녁 4시 정도의 1일 2회로, 백미를 찐 「고와메시(强飯)」를 주식으로 삼고 몇 종류의 반찬을 먹었다. 그러나 신선한 생선 등은 구할 수 없었기 때문에 건어물이나 말린 것이 많았다.

*유구: 옛날 토목건축의 구조와 양식을 알 수 있는 실마리가 되는 자취(역주).

매우 바빴던 음양사들

점으로 국정을 돕다

자신전 ── 동측 헌랑

자신전은 어소의 정전에 해당하며 천황이 일상생활을 보내는 청량전과는 달리 공적인 정무를 담당하는 장소였다. 그래서 자신전에서 이루어지는 「헌랑어복(軒廊御卜)」은 국가의 중대사를 점치는 일이 많았다

대궐 구조
1 자신전(紫宸殿)
2 인수전(仁壽殿)
3 승향전(承香殿)
4 상녕전(常寧殿)
5 정관전(貞觀殿)
6 청량전(淸凉殿)
7 교서전(校書殿)
8 안복전(安福殿)
9 능기전(綾綺殿)
10 의양전(宜陽殿)
11 춘흥전(春興殿)
12 승명문(承明門)
13 장락문(長樂門)
14 영안문(永安門)
15 선요전(宣耀殿)
16 여경전(麗景殿)
17 등화전(登華殿)
18 홍휘전(弘徽殿)

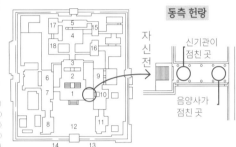

동측 헌랑

자신전

신기관이 점친 곳

음양사가 점친 곳

모노이미(物忌)

음양사가 점친 결과에 따라서는 「모노이미」가 이루어졌다. 이는 병이나 부정 등의 좋지 않은 것으로부터 몸을 지키기 위해 저택에 틀어박혀 누구와도 만나지 않는 것으로, 코로나 유행으로부터 자신을 지키기 위해 이루어진 현대의 「자가격리」와 비슷하다. 조호 6년(1004) 6월 18일, 후지와라노 미치나가는 이틀 후인 20일에 가모 신사에 참배할 예정이었으나 이날 아들인 후지와라노 요리미치의 유모가 출산 중 사망했기 때문에, 가도 좋을지를 아베노 세이메이와 가모노 미쓰요시에게 점치게 했다. 결과는 「부정하다」가 나와 미치나가는 참배를 연기했다.

거리두기를 지켜야 하네

헤이안 귀족들은 병의 원인이 균이나 바이러스임을 몰랐으나 집에 머무르며 재앙을 피하려 했다는 점은 지금과 다를 바 없을지도 모른다

점은 음양사의 주요한 업무 중 하나였다. 점을 치는 방법으로는 나라 시대(710~794)에 음양료가 설치된 당초에는 점대를 사용하는 역서(易筮), 태을(太乙, 태일太一)식, 둔갑식(遁甲式), 육임식(六任式, 3식)의 식점※1, 오행점 등이 있었으나, 헤이안 시대에 이르러 육임식점이(48p) 주류가 되었다. 국가 관료인 음양사가 우선적으로 점쳐야 하는 사항은 전국적인 재해나 국가적 신사와 절에서 일어난 괴이의 원인규명이었다. 국가나 천황의 안부에 관한 일이어서 이 점은 대궐의 자신전의 동측 헌랑에서 치러졌으며 「헌랑어복(軒廊御卜)」이라 불렸다. 또 천황이 사는 대궐 안에서 일어난 괴이에 대해서는 천황 직속의 음양사(구로도도코로 음양사)가 불려와 점쳤기 때문에 이것은 「구로도도코로의 점(藏人所御占)」이라 불렸다. 이 「헌랑어복」과 「구로도도코로의 점」은 국가의 중대사를 점치기 때문에 음양사만이 아니라 신기관(104p)도 불려와 동시에 점을 보았다. 이러한 국가적인 점 외에 각 관청이나 공가들이 개인적으로 음양사를 불러 길흉을 점치게 하는 경우도 많았으며, 『소우기(小

※1 천반, 지반이라는 두 개의 접시를 합쳐 점치는 방법.

역서(易筮)를 보는 법

우리도 당시의 점을 보는 법을 따라할 수 있다. 우선 50자루의 점대를 준비해야 한다. 여기서는 「비수리」를 사용한다. 비수리란 야관문이라고도 하는 콩과의 여러해살이풀이다. 이것의 줄기를 쓰는 것이 고대 중국에서 팔괘(78p)를 만든 복희(伏羲, 80p)가 전수한 본격적인 방식이나, 실제로는 대나무로 대용했다. 여기서는 A라는 사상이 길인지 흉인지를 점쳐 보기로 한다.

점대

식점(式占)

식점은 「식반(式盤)」이라는 도구를 이용한 점이다. 「육임」, 「둔갑」, 「태일」, 「뇌공」의 네 종류가 이루어졌다는 설, 3식이라 불리는 「태일」, 「육임」, 「둔갑」의 세 종류라는 설도 있다. 각각 전용 식반을 사용하여 이루어졌다

효 조견표

대=9, 8
소=5, 4

제1변	대	대	대	대	소	소	소	소
제2변	대	대	소	소	대	대	소	소
제3변	대	소	대	소	대	소	대	소
효 (변효)	--	—	—	—	—	—	—	— (변효)

괘 산출법

아래에서 위로 산출한 「효」를 늘어놓는다

이 괘는 지천태. 하늘과 땅이 화평하여 안녕하듯 사람과 마음이 서로 통한다는 의미

역서의 ❿단계

❶ 50자루의 점대 중에서 하나를 뽑아낸다. 이것은 「태극」을 뜻하며 마지막까지 사용하지 않는다.

❷ 남은 49자루를 무념무상으로 양손에 들고 좌우로 나눈다. 왼손에 쥔 것이 「하늘」 오른손에 쥔 것이 「땅」이다.

❸ 오른손의 점대에서 한 자루를 뽑아 따로 둔다. 이것은 「사람」을 뜻한다. 오른손에 쥔 것은 일단 아래에 둔다.

❹ 왼손의 점대를 네 자루씩 세어간다. 이것은 「사계」를 뜻한다. 세 자루 이하가 되면 남겨 둔다. 4로 나눠지면 마지막 네 자루를 빼 둔다.

❺ 아래에 둔 오른손의 몫을 똑같이 네 자루씩 센다. 왼손의 몫의 작업과 같다.

❻ 왼손의 남은 자루 수와 오른손의 남은 자루 수, 그리고 「사람」을 뜻하는 ❸의 한 자루를 더한다. 그러면 반드시 9나 5가 된다. 이것을 「제1변」으로서 적어 둔다.

❼ 다시 49자루의 점대를 합치고 ❻에

서 나온 숫자만큼 뺀다. 남은 자루는 40자루나 44자루가 될 것이다. 이것을 「제1변」을 산출했을 때처럼 오른손, 왼손으로 남은 자루 수를 내고 「사람」의 한 자루를 더한다. 이번에는 반드시 8이나 4가 된다. 이를 「제2변」으로서 적는다.

❽ 다시 똑같이 「제2변」의 숫자를 빼고, 남은 자루 수를 산출한다. 이것도 8이나 4가 된다. 이것이 「제3변」이다.

❾ 이 세 개의 변에 따라 「효(爻)」를 알 수 있다. 9와 8을 「대의 수」, 5와 4를 「소의 수」로 보고, 세 변의 숫자의 조합에서 「효(爻)」를 판단한다.

❿ 「제3변」까지의 숫자 산출을 여섯 번 반복한다. 그것이 결과를 뜻하는 「괘」가 되며, 64 종류의 각각의 괘의 의미에서 결과를 산출한다.

右記)」[2]에는 「까마귀가 좌대신의 자리를 물고 늘어지고는 몸을 뒤집었다」거나 「개가 진의 안방에 똥을 쌌다」거나 「소나 말이 외기청에 들어왔다」는 등의 일도 괴이로 여겨졌으며 그때마다 점을 보러 불려 나오는 음양사들은 무척 바빴다.

헤이안 시대의 풍속 2

헤이안 시대의 조미료는 「술」, 「식초」, 「소금」, 「히시오(간장의 원류)」의 네 종류로, 간장이나 된장, 설탕 등은 아직 없었다. 또 요리할 때 간을 하지 않고 각자의 반찬 위에 이러한 조미료를 두어 각자 자신의 취향에 맞게 간을 맞춰서 먹었다.

※2 헤이안 중기의 공경, 후지와라노 사네스케(藤原実資, 957~1046)의 일기. 후지와라노 미치나가가 활약한, 후지와라씨가 가장 번영한 시대의 정치와 사회정세, 궁정의 의식이 적혀 있다.

국가의 톱
시크릿이었다

천문밀주

다카마쓰즈카 고분에 남은 이십팔수도

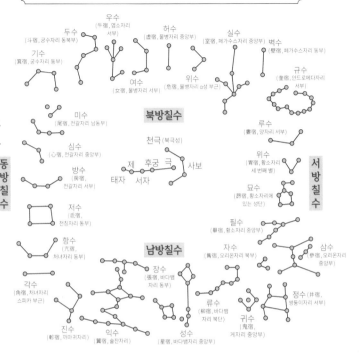

우수
(牛宿, 염소자리
서부)

두수
(斗宿, 궁수자리 서북부)

허수
(虛宿, 물병자리 중앙부)

실수
(室宿, 페가수스자리 중앙부)

벽수
(壁宿, 페가수스자리 동부)

기수
(箕宿, 궁수자리 동부)

여수
(女宿, 물병자리 서부)

위수
(危宿, 물병자리 α성 부근)

규수
(奎宿, 안드로메다자리)

미수
(尾宿, 전갈자리 남동부)

북방칠수

루수
(婁宿, 양자리 서부)

심수
(心宿, 전갈자리 중앙부)

천극 (북극성)

위수
(胃宿, 황소자리
세 번째 별)

서방칠수

제 후궁 극

방수
(房宿, 전갈자리 서부)

태자 서자 사보

묘수
(昴宿, 황소자리에
있는 성단)

저수
(氐宿, 천칭자리 동부)

필수
(畢宿, 황소자리 중앙부)

항수
(亢宿, 처녀자리 동부)

남방칠수

자수
(觜宿, 오리온자리 북부)

삼수
(參宿, 오리온자리
중앙부)

각수
(角宿, 처녀자리
스피카 부근)

장수
(張宿, 바다뱀
자리 동부)

류수
(柳宿, 바다뱀
자리 북단)

정수 (井宿,
쌍둥이자리 서부)

귀수
(鬼宿, 게자리 중앙부)

진수
(軫宿, 까마귀자리)

익수
(翼宿, 술잔자리)

성수
(星宿, 바다뱀자리 중앙부)

음양도에서는 고대 중국의 별자리를 기반으로 점을 쳤다. 고대 중국의 별자리는 지금의 우리가 알고 있는 서양의 별자리와 많이 다르다. 하늘의 중심에 170개의 별로 이루어진 천제의 거처인 자미원(紫微垣)이 있고, 그 주변에 태미원(太微垣), 천시원(天市垣)이라는 별의 구획이 있으며, 또 그 주위에 이십팔수가 있다고 여겼다. 이십팔수란 하늘의 황도 상에 있는 28개의 성좌를 일컫는 말로 「수(宿)」는 성좌를 의미한다. 나라현 아스카촌에 있는 기토라 고분과 다카마쓰즈카(高松塚) 고분의 벽화에는 천문도가 그려져 있으며 다카마쓰즈카 고분의 천장 벽에는 이십팔수도가 그려져 있다

고 대 중국에서는 하늘의 자손인 황제가 실정을 저지르면 하늘이 「천변(天變)」이라는 사인을 보내 이를 벌한다고 여겼다. 천변에는 일식과 월식, 혜성이나 유성 외에도 화성과 목성과 금성이 일렬로 늘어서는 「삼성합(三星合)」 등, 행성의 움직임도 포함한 여러 종류가 있었다. 그렇기 때문에 황제는 언제나 천문을 관측하고 빠르게 하늘의 이변을 알아낼 필요가 있었다. 이러한 발상이 일본에도 전해져 음양료에 천문박사를 배치했다. 다만 중국이 천문관측을 하는 주목적이 천구나 혼천의 등의 천문관측 기구를 사용하여 행성이나 별의 운행을 알아내는 것이었던 것과는 달리 일본에서는 천문의 현상을 보고 길흉을 점치는 「점술」에 중점을 두었다.

음양료의 천문박사는 천문과 기상을 관측하고 이변이 생기면 그에 대한 길흉을 점쳐 천황에게 보고하였다. 이러한 점의 결과는 정치의 방향을 결정하는 중요사항이었기 때문에 관련된 문서는 반드시 밀봉해서 봉납되었다. 그로 인해 이것은 「천문밀주(天文密奏)」라 불

별의 움직임으로 미래를 알아내다

별들의 움직임은 지상에서 일어나는 다양한 변사의 징조로 여겨졌다. 예를 들어 목성과 토성이 겹쳐지는 것은 내란이나 기아의 징조. 목성과 수성이 접근하면 가뭄이 일어나고, 목성과 금성이 접근하면 수해가 일어난다고 여겼다. 또 흰 무지개가 태양을 꿰뚫는 것도 흉조로, 전쟁의 징조로 여겨졌다. 이에 반해 금성이 남쪽에 있는 것은 길조로, 그 해는 풍작이 될 것이라 여겨졌다.

대표적인 흉조

혜성

흰 무지개가 태양을 꿰뚫는다

적기(오로라)

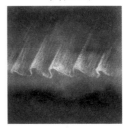

천문을 알아내기 위한 도구

원안경(망원경)

일본에서는 17세기, 영국 군함 클로브호 선장인 사리스가 슨푸(駿府)에서 도쿠가와 이에야스(徳川家康)를 회견했을 때 헌상했다는 기록이 남아 있다. 이후에도 나가사키의 네덜란드 상관을 통하는 등의 방법으로 망원경을 수입했으나, 이윽고 일본 국내에서 생산하게 되었다.

혼천의

혼천의는 천체의 위치를 측정하기 위한 도구로 바깥에 세 종류의 고리(육합의), 그 안쪽에 또 세 종류의 고리(삼진의), 그 안에 사유의라 불리는 고리와 지구, 달을 뜻하는 구체가 있다.

천구의

천구의는 별과 성좌가 적힌 지구본이다. 일본에서는 에도 시대의 천문학자 시부카와 하루미(渋川春海)(130p)가 만든 것이 유명하다. 중국에서 전래된 성좌만이 아니라, 시부카와 하루미가 관측, 연구하여 발견한 성좌도 적혀 있다.

렸다.

천문밀주는 어느 별이 언제 어떻게 움직였는가라는 실제의 별의 움직임이 적힌 뒤 마지막에 점의 결과로 어떠한 변사가 일어날 징조인지가 적혀 있다.

헤이안 시대의 풍습

3

설탕이 없는 시대였지만 밤이나 홍시 같은 과일이나 벌꿀, 돌외 등을 이용한 디저트도 종종 먹었다. 교토의 가메야 기요나가에서 판매하는 「청정환희단(清浄歓喜団)」 등은 당시 그대로의 「당과자」로 지금도 맛볼 수 있다.

달력은 지식과 권력의 결정체

간지 (干支)

시간을 지배하는
천자를 서포트

달력을
만들어
백성에게
내리다

선명력 (宣明曆)

중국의 역법 중 하나. 당나라의 천문학자 서앙(徐昂)이 만들었다. 일본에서 쓰인 823년의 긴 시간 동안 달력과 실제의 천체 사이에는 이틀 정도의 오차가 생겼다

이십팔수 (二十八宿)

역박사
(曆博士)
음양료에 속한 관인 달력을 만들고 학생에게 역도(曆道)를 가르쳤다

금기와 길흉을 적어 구주력을 작성한다

구주력(具注曆)에는 유행신인 「팔장신」(22p)의 방위나 수요, 납음(納音), 간지, 십이직, 몰멸(몰일과 멸일), 이십사절기, 칠십이후, 육십괘 등을 전부 적어 넣은 뒤, 일출과 일몰의 시간, 일식과 월식의 유무까지 적어야 하며, 고도로 특별한 지식을 요구하는 작업이었다.

구주력에는 하루마다 2, 3행의 공백이 있어 이 시대의 귀족은 여기에 자신의 스케줄을 적었다. 그중에서도 후지와라노 미치나가가 적은 「어당관백기(御堂關白記)」가 유명하다

구주력

상단에는 일자, 간지, 오행, 십이직, 중단에는 이십사절기(입춘, 입하 등의 태양의 움직임에 따라 계절을 나타내는 말), 칠십이후(1년을 72로 나누어 기후의 변화를 적은 것), 하단에는 하루하루의 길흉을 나타내는 역주가 적혔다

상단
중단
하단

고 대 중국에서, 하늘에게 지상의 지배자로 인정받은 하늘의 자손인 황제는 시간마저 지배하는 자여야만 했다. 그렇기 때문에 천문 관측을 통해 달력을 만들어 백성에게 내린다는 「관상수시(觀象授時)」를 하였다. 황제가 배포한 달력을 사용한다는 것은 그 지배 아래에 있다는 것을 의미하기도 했다.

이러한 발상을 바탕으로 일본의 천황도 음양료의 역박사(曆博士)에게 매년 달력을 만들게 하였다. 일본의 경우 조간(貞觀) 4년(862)부터 823년 동안 당대 중국에서 만들어진 선명력(宣明曆)을 기반으로 삼고, 거기에 간지(干支)※와 이십팔수, 금기와 길흉 등을 적은 달력을 역박사가 만들어 음양료에 제출했다. 이 달력을 「구주력(具注曆)」이라 한다. 이를 받은 음양료에서는 천황용으로 1년분의 상하 2권으로 이루어진 달력과 각 관청에 배포할 1년분 1권의 달력을 옮겨 적어, 매년 11월 1일 상급관청인 중무성의 관리와 함께 천황에게 헌상했다. 이 의식을 「어력주(御曆奏)」라 하며 만들어진 달력은 의식을 치른 후, 각 관청에 배

십간십이지 조견표

십간은 「날」에 이름을 붙인 것. 십이지는 「달」에 이름을 붙인 것. 음양도의 교과서 『오행대의(五行大義)』에 따르면 양쪽 모두 전설상의 고대 중국의 황제(黃帝) 시대의 대신인 대요(大撓)라는 인물이 만들었다고 한다. 달을 뜻하는 십이지가 현재의 「쥐, 소, 호랑이」 등의 동물의 이름으로 불리게 된 것은 후한의 왕충이 『논형(論衡)』에서 인용한 것이 최초라고 한다. 이는 후대의 일로, 음양사에게 있어 십간은 「해」「별」 하늘의 수이며 십이지는 「달」「그늘」 즉 땅의 수였다.

해당년	1984	1985	1986	1987	1988	1989	1990	1991	1992	1993
읽는 법	갑자	을축	병인	정묘	무진	기사	경오	신미	임신	계유
명칭	甲子	乙丑	丙寅	丁卯	戊辰	己巳	庚午	辛未	壬申	癸酉
해당년	1994	1995	1996	1997	1998	1999	2000	2001	2002	2003
읽는 법	갑술	을해	병자	정축	무인	기묘	경진	신사	임오	계미
명칭	甲戌	乙亥	丙子	丁丑	戊寅	己卯	庚辰	辛巳	壬午	癸未
해당년	2004	2005	2006	2007	2008	2009	2010	2011	2012	2013
읽는 법	갑신	을유	병술	정해	무자	기축	경인	신묘	임진	계사
명칭	甲申	乙酉	丙戌	丁亥	戊子	己丑	庚寅	辛卯	壬辰	癸巳
해당년	2014	2015	2016	2017	2018	2019	2020	2021	2022	2023
읽는 법	갑오	을미	병신	정유	무술	기해	경자	신축	임인	계묘
명칭	甲午	乙未	丙申	丁酉	戊戌	己亥	庚子	辛丑	壬寅	癸卯
해당년	2024	2025	2026	2027	2028	2029	2030	2031	2032	2033
읽는 법	갑진	을사	병오	정미	무신	기유	경술	신해	임자	계축
명칭	甲辰	乙巳	丙午	丁未	戊申	己酉	庚戌	辛亥	壬子	癸丑
해당년	2034	2035	2036	2037	2038	2039	2040	2041	2042	2043
읽는 법	갑인	을묘	병진	정사	무오	기미	경신	신유	임술	계해
명칭	甲寅	乙卯	丙辰	丁巳	戊午	己未	庚申	辛酉	壬戌	癸亥

씨앗(갑)
헤아리다(계)
싹을 틔움(을)
품다(임)
드러남(병)
새롭다(신)
머무르다(정)
변하다(경)
바꾸다(무)
과정(기)

십간은 씨앗이 싹을 틔우고 성장하며 꽃을 피우고 열매를 맺는다는 자연의 순환을 나타낸 것이기도 하다. 그 순환을 이를 의미하는 글자에 맞추는 것으로 열흘이면 1순, 3순이면 한 달, 12개월은 1년으로 이어진다는 것을 나타낸 그림

간지와 십이지도

십간은 「날」에 이름을 붙인 것. 고대 중국인은 신비의 숫자인 9에 1을 더해 10으로 하고, 10일을 한 단위로 여겼다. 10일은 「순(旬)」이라 불렸다. 현재에도 한 달을 상순, 하순으로 표현하는 용어가 남아 있다. 십이지는 「달」에 이름을 붙인 것. 달이 차고 기우는 주기가 30일로, 12월이면 일순하여 1년이 되는 것이나 「세성(歲星)」이라 불린 목성의 주기가 12년이기 때문이라는 등 12의 이유는 여러 설이 있다. 12지에 대응하는 달(구력)은 다음의 표와 같다.

자(子)	축(丑)	인(寅)	묘(卯)	진(辰)	사(巳)
11월	12월	1월	2월	3월	4월
오(午)	미(未)	신(申)	유(酉)	술(戌)	해(亥)
5월	6월	7월	8월	9월	10월

포되었다.

그러나 헤이안 중기가 되자 율령제도의 붕괴와 함께 천황이 달력을 반포한다는 형식이 무너지고, 유력 귀족들은 가모씨와 같은 역가나 음양사 개인에게서 직접 달력을 입수하게 되었다.

헤이안 시대의 풍습
4

교토의 여름은 덥다. 천황과 귀족들은 겨울 동안 빙실에 저장해둔 얼음을 꺼내서 깬 「와리히(碎氷)」를 먹으며 더위를 견뎠다. 또 얼음을 깎아 당시의 감미료인 돌외의 즙을 뿌린 케즈리히라는 현대로 치면 빙수와 같은 것을 먹었다.

※구주력에 적혔던 간지란 「갑을병정무기경신임계」의 십간과 「자축인묘진사오미신유술해」의 십이지를 합친 육십간지를 말하는 것으로, 월일이나 시간, 방위의 기본이 되는 것이다

헤이안 귀족의
생활은 힘들다

하루 하루의 길흉에 휘둘리다

화장실까지 금기일이 있다!

긴카쿠시

이쪽으로 등을 돌리고 주저앉아, 쥬니히토에를 입은 여성은 「긴카쿠시」라 불리는 이 봉에 소매를 걸고 볼일을 보았다

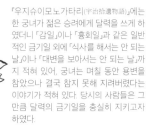

히바코

헤이안 시대의 화장실. 요강과 같은 용기다 「히도노(樋殿)」라는 실내에 놓였다.

『우지슈이모노가타리(宇治拾遺物語)』에는 한 궁녀가 젊은 승려에게 달력을 쓰게 하였더니 「감일」이나 「흉회일」과 같은 일반적인 금기일 외에 「식사를 해서는 안 되는 날」이나 「대변을 보아서는 안 되는 날」까지 적혀 있어, 궁녀는 며칠 동안 용변을 참았으나 결국 참지 못해 지려버렸다는 이야기가 적혀 있다. 당시의 사람들은 그만큼 달력의 금기일을 충실히 지키고자 하였다.

달력에 적힌 길흉일의 예

감일(坎日)	만사가 흉
혈기일(血忌日)	피를 보는 일이 흉
귀기일(歸忌日)	멀리 나가거나 장가가는 일이 흉
왕망일(往亡日)	진군, 배관, 이전, 혼례가 흉
대화일(大禍日)	집수리, 장례가 흉
낭적일(狼藉日)	불교 의식이 흉
흉회일(凶会日)	대흉
쇠일(衰日)	만사가 흉
기야행일(忌夜行日)	백귀가 배회하는 날. 밤 산책은 흉
귀숙일(鬼宿日)	최대길일
불조인일(不弔人日)(수사일(受死日))	병문안, 복약이 흉
불문병일(不問病日)	병문안이 흉
월덕일(月德日)	건축 관계가 길
신길일(神吉日)	신사가 길
삼보길일(三宝吉日)	불사가 길

헤이안 귀족들은 와카를 부르고, 축국을 즐기며 우아한 나날을 보냈다는 이미지가 있으나, 그들의 일상생활은 현대의 우리가 생각하는 만큼 편하지만은 않았다. 이때의 달력에는 지켜야 할 다양한 금기가 산처럼 적혀 있었기 때문이다.

후지와라노 미치나가의 조부인 후지와라노 모로스케(藤原師輔)가 자손에게 남긴 『구조전유계(九条殿遺誡)』에는 당시의 귀족들이 지켜야 하는 일상의 수칙이 적혀 있었는데 그에 따르면 「손톱을 자르는 건 축일」이며 「발톱을 자르는 건 인일」에만. 목욕도 「갑자, 임신, 계유, 을해…」 등 육십간지 중 20일만 가능했다. 때로는 일주일도 넘게 목욕일이 돌아오지 않아 난처하기도 했다고 한다.

하지만 이러한 역주의 금기가 꼭 절대적이지는 않았던 것으로 보인다. 후지와라노 유키나리(藤原行成)의 『권기(権記)』에는 일반적으로는 5월 1일은 머리를 감거나 목욕해서는 안 되는 날이라고 되어 있으나 가모노 야스노리(賀茂保憲)의 『역림(歷林)』에는 「5월 1일에 목욕

십이직

구주력(16p)에 기재된 「십이직(十二直)」은 북두칠성의 자루 부분의 회전과 십이지의 방위를 합친 「건, 제, 만, 평, 정, 집, 파, 위, 성, 납, 개, 폐」를 일컫는다. 「건」은 대길일 날이지만 농작이나 장사를 시작하기에는 흉. 「제」는 우물을 파거나 제사를 하기에는 길일이나 결혼에는 좋지 않은 날로 여겨졌다. 「만」은 이사나 결혼에는 길일이나 약을 먹어서는 안 되는 날이었다. 「평」은 여행이나 도로를 다지는 공사 등에는 길일이나 구멍을 파는 등 평평한 것을 어지럽히는 행위는 흉이었다. 「정」은 선악이 정해지는 날로 자신이 올바르지 않은 고소를 하는 것은 흉일로 여겨졌다. 이렇듯 각각의 날에 하면 좋은 일과 안 좋은 일의 흉일이 모두 정해져 있었다.

북두칠성

자루

십이직은 아스카 시대부터 쓰였다. 구주력의 달력 상단에 쓰여 있었으나, 에도 시대가 되면 중단에 위치하게 되어 십이직 자체를 「중단(中段)」이라고도 불렀다. 직은 교체해서 숙박하는 「숙직(宿直)」을 의미한다. 열두 종류의 나날의 길흉이 날마다 숙직해서 순환하기 때문이다

십이직의 의미

건(建)	무언가를 시작하기에 좋은 날. 신불의 제사, 혼례, 개점, 이전, 기둥 세우기, 마룻대 올리기, 여행 등에 대길. 건물 내부 건축, 개수, 창고 열기에는 대흉		**파(破)**	손해를 입는다. 파괴를 의미하는 날. 혼례, 제사, 약속, 이사 그 외 축사는 흉. 고소, 담판 등은 이 날에 하면 길
제(除)	백흉을 털어내는 길일. 의약품 사용을 비롯하여, 씨 뿌리기, 제사 등에는 길. 혼례, 건물 내부 건축, 여행 출발, 물에 관한 공사 등에는 흉		**위(危)**	만사가 위험한 날. 여행, 등산, 출항은 대흉
만(滿)	만사가 채워지는 날. 건축, 이전, 새로운 일의 개시를 비롯하여, 혼례나 이사, 그 외의 축사가 길. 터 닦기나 복약은 흉		**성(成)**	만사가 성취되는 날. 건축, 개업, 씨뿌리기 등, 새로운 일을 시작하기에 길. 고소, 담판 등에는 흉
평(平)	만사가 평안해지는 날. 여행, 결혼, 도로 수리는 길. 구멍 파기와 씨 뿌리기는 흉		**납(納)**	만물을 넣는 데 길일. 집곡, 오곡의 수납, 상품 구입, 금전 회수에 길. 맞선, 혼례, 제사에 흉. 꺼내거나 나가는 일은 흉이다
정(定)	선악이 정해지는 날. 건축, 기둥 세우기, 마룻대 올리기, 이전, 혼례 등에 길. 고소, 여행, 나무 옮겨심기는 흉		**개(開)**	길을 내는 등 무언가를 시작하기에 좋은 날. 개업, 취직, 입학, 건축, 이전, 혼례, 개업 등은 모두 길. 장례, 그 외 부정한 일은 흉
집(執)	만사의 활동육성을 촉진하고 집행하는 날. 혼례 그 외의 축사, 제작, 씨 뿌리기 등이 길. 재산을 움직이는 일은 흉		**폐(閉)**	무언가를 마무리하는 날. 금전의 수납, 묘 세우기에 길. 기둥 세우기, 마룻대 올리기, 개점, 혼례, 개업에 흉

하면 수명이 늘어나며, 화를 씻는다」고 되어 있어 그 설에 따라 목욕을 했다고 적혀 있으며, 미치나가도 딸인 켄시(姸子)가 여자를 출산한 뒤의 목욕일을 아베노 요시히라(安倍吉平)(115p)에게 점치게 하여 일반적으로 흉일이라 여겨지는 8일이라는 결과를 얻었으나 그를 따랐다.

헤이안 시대의 풍습
5

자신의 키보다 긴 머리가 미녀의 조건이었던 헤이안 시대. 여성들의 머리 감기는 쉽지 않았다. 「유스루(泔)」라는 쌀뜨물이나 「소우즈(澡豆)」라는 콩가루, 「잿물」 등을 샴푸 대신 사용했다. 머리가 너무 길어서 말리는 것도 고생이었다.

방위의
길흉을 점치다

방위는 신들의 변덕

다양한 방위신

금잔/대흉

세살신/흉
세파신/흉
황번신/흉
세덕신/길
태세신/길·흉
대장군/흉
세형신/흉
태음신/흉
표미신/흉

방위를 지배하는 태세신, 대장군, 태음신, 세형신, 세파신, 세살신, 황번신, 표미신의 여덟 흉신을 팔장신이라고 한다. 상세는 22p에서 해설한다. 12세기 말에 이르러 「금신(金神)」이라는 방위신도 중요시되었다. 팔장신들이 중국에서 유래한 신이었던 것과는 달리 금신은 일본에서 만들어진 신으로, 가장 무서운 방위신이었다. 금신이 있는 방향을 침범하면 「금신칠살(金神七殺)」이라 하여 가족이 일곱 명 죽는다고 믿어졌다. 새로 나온 신이어서 이를 피하려 해도 정체를 알 수 없어 당시 사람들도 곤혹스러웠다. 후지와라노 모로미치(藤原師通)의 일기 「후이조사도기(後二条師道記)」에는 「금신은 불가해한 존재다」라는 말이 적혀 있다

헤 이안 귀족들은 이사나 저택 건축, 결혼이나 장례 등 중요한 행사가 있을 때는 그 날의 길흉만이 아니라 반드시 방향의 길흉도 음양사에게 점치게 했다. 이때 중시된 것이 방위의 길흉을 관장하는 방위신이었다. 방위신에는 태백, 천일, 왕상, 대장군 등이 있으며, 헤이안 후기에는 금신도 중시되었으나 이들 방위신이 있는 방향에는 부정함이 생긴다 하여 여러 일을 피해야 했기에 큰일이었다.

특히 성가신 것은 방위신이 꼭 정해진 방향에 있지 않고 빙글빙글 방향을 바꾼다는 점이었다. 예를 들어 대장군은 인·묘·진의 해에는 북쪽에 있으며 사·오·미의 해에는 동쪽, 신·유·술의 해는 남, 해·자·축의 해에는 서쪽으로, 3년마다 소재지를 바꾸기 때문에 그때마다 금기가 되는 방향이 변했다. 게다가 방위신은 유행신이라고도 불리다시피 3년 동안 가만히 있지 않으며 날에 따라서도 이동하기 때문에 무언가를 하기 위해서는 그때마다 구주력(16p)의 신이 있는 방위를 알아볼 필요가 있었다. 그에 더해 금기가 되는 방위신은 대장

가타타가에·가타이미

방위신이 있는 방향을 금기로 하여 나가지 않는 것을 「가타이미(方忌)」라고 하였는데, 맨날 나가지 않고 집에 틀어박혀 있을 수도 없다. 그래서 꼭 나가야 할 때는 우선 금기가 없는 방향으로 가서 그쪽에서 목적지로 방향을 바꾼다「가타타가에(方違え)」가 이루어졌다. 예를 들어 조간 7년(865)에 즉위한 세이와(清和) 천황은 동궁어소에서 북서쪽에 있는 대궐로 이동할 때 북서쪽이 흉이어서 일단 남서쪽으로 간 뒤 북쪽 대궐로 향했다는 「가타타가에」를 하였다.

우츠세미

히카루 겐지

목적지·방위신

집

여기서 겐지는 우츠세미를 만난다

흉의 방위신이 있는 방향에 목적지가 있을 경우 일단 다른 방향으로 간 뒤 목적지로 간다. 「겐지 모노가타리(源氏物語)」 제2첩 「하하키기(帚木)」에서는 주인공 히카루 겐지(光源氏)가 가타타가에를 위해 키노카미의 저택을 방문한다. 거기서 이요스케(伊予介, 이요국(현재의 에히메현)의 국수의 차관)의 후처인 우츠세미(空蟬)를 처음 만난다.

길의 방위신

방위신이 있는 방향이 모두 흉이어서 피해야 했던 것은 아니다. 그중에서도 세덕신은 그가 있는 방위가 길로 여겨지는 복의 신이다. 지금도 절분에 「혜방(慧方)」을 바라보고 김말이초밥을 먹는 풍습이 있는데, 이 「혜방」이 세덕신이 있는 방향이다. 예를 들어 교토의 신천원 안에는 세덕신을 기리는 신사가 있어 지금도 매년 신이 계시는 「혜방」으로 신사의 방향을 바꾸는 「에호마와시」를 하고 있다.

W

혜방

N

E

S

매년 12월 31일에 교토 시내의 사원·신선원에서 「에호마와시」가 이루어진다

군만이 아니기 때문에 정말 피곤하기 그지없었다. 헤이안 말기의 음양사인 아베노 야스시게도 「모든 방위신을 피하려 해서야 어디에도 갈 수 없고 아무것도 할 수 없게 되어버린다」라고 말했을 정도다.

헤이안 시대의 풍습

6

헤이안 시대는 남성도 세련되어서 귀족은 당연히 화장을 해야 했다. 눈썹을 뽑은 얼굴에 분을 바르고, 연지를 바르고, 눈썹이 있는 곳에는 연한 바림 눈썹 화장을 하고, 오하구로(お歯黒)라는 액체로 이를 검게 물들였다.

길
세덕신(歲德神)

존재하는 방향이
혜방

음양도의 방위신 중 하나로 복덕을 관장하는 신. 세덕신이 있는 방위가 그 해의 길방으로 여겨진다. 우두천왕의 아내인 파리채녀로도 여겨지며, 또 우두천왕이 스사노오와 동일시 되기 때문에, 그 아내인 쿠시나다히메라고도 여겨진다. 팔장신의 모신.

길십흉
태세신(太歲神)

초목을 벌채해선
안 된다

음양도의 방위신 중 하나로 세덕신의 아들 중 하나. 매년의 간지와 같은 방향에 있다고 여겨지며 팔장신 외의 방위신 있는 방향을 정하는 기준이 되는 신. 세성(목성)의 화신이며 집의 건축 등에 대길인 신이나 태세신이 있는 방향의 나무는 베어서는 안 된다고 여겨진다. 태음신의 남편이라고도 한다.

흉
대음신(大陰神)

연애해서는 안 된다

특히 대음신이 있는 방위에서 신부를 맞이하거나 시집을 가거나 하는 것은 대흉으로 여겨진다

진성(토성)의 화신. 태세신의 아내로 여겨지며 여신으로서 그려지는 경우도 많다. 태세신의 「자」의 방향에 있을 때는 「술」의 방향에 있다. 이 신이 있는 방향도 모두 흉.

흉
대장군(大將軍)

건축, 수선, 수확을
해서는 안 된다

태백성(금성)의 화신이며, 태세신이 「자」의 방향에 있을 때는 「유」의 방향에 있다. 대장신이 있는 방향은 온갖 일에 대흉이며, 그렇기 때문에 대장신의 방위는 「3년 막힘」이라고도 불린다.

매력 넘치는 방위신들
세덕신과 팔장신

아　베노 세이메이가 저술했다는 『보궤내전(簠簋內傳)』(50p)에는 천제의 사자인 유리조(瑠璃鳥)의 계시를 받은 우두천왕(牛頭天王)이 남해의 사갈라(娑竭羅) 용궁에 사는 파리채녀(頗梨采女)를 아내로 맞이하기 위해 여행을 떠나는 이야기가 적혀 있다. 도중에 야차국(夜叉國)을 지난 우두천왕은 그 나라의 거단대왕(㠜旦大王)에게 잘 곳을 청했으나 거절당해, 가난한 소민장래(蘇民將來)※의 집에 머물렀다. 그 뒤 우두천왕은 무사히 사갈라 용궁에 도착하여 파리채녀를 아내로 삼고 여덟 명의 아이를 낳았다. 그리고 북천으로 돌아가던 도중 여덟 자식(팔장신)에게 박한 대우를 한 거단대왕을 공격하도록 해 멸망시켰다. 거단대왕은 1천명의 승려에게 대다라니를 읊게 하여 태산부군(46p)의 법을 일으켜 방어했으나, 한 승려가 졸아버린 탓에 팔왕자에게 공격당해 죽어버렸다. 우두천왕은 소민장래에게 가서 「말대가 되면 나와 팔왕자들이 행역신이 되어 그대의 나라에 재액을 가져올지도 모르지만 소민장래의 자손이라 나서는 자는 무사할 것이다」라는 말을 남기고 북쪽으로 떠났

흉

세살신(歲殺神) 이사해선 안 된다

이 방위로 장가나 시집을 가는 것도 흉으로 여겨진다

흉

세파신(歲破神)

수난 사고에 주의

흉

세형신(歲刑神)

인간의 도리에서 등을 돌려선 안 된다

무기를 선호하는 신이어서 무기나 병기의 제조나 구입. 재판 등의 분쟁을 하는 데는 길로 여겨진다

형혹성(화성)의 화신. 태세신이 「자」의 방향에 있을 때는 「미」의 방향에 있다. 살기를 관장하는 신으로 이 신이 있는 방향에 활을 쏘는 것은 대흉으로 여겨진다.

대음신과 같은 진성(토성)의 화신. 태세신이 「자」의 방향에 있을 때는 「오」의 방향에 있으며 언제나 태세신과 정반대 방향에 있다. 물의 신이기도 하기 때문에 이 신의 방위에 있는 바다나 강을 건너는 것은 흉으로 여겨진다. 또 토정이기도 해서 집을 짓는 등 흙을 움직이면 가축이 죽는다고 한다.

진성(수성)의 화신으로 형벌을 관장한다. 태세신이 「자」의 방향에 있을 때는 「묘」의 방향에 있다. 세형신이 있는 방향에서 농작이나 사업을 시작하는 것은 흉.

흉

표미신(豹尾神) 꼬리가 달린 동물을 길러선 안 된다

가공의 별인 계도성(計都星)의 화신. 이 신이 있는 방위에서 대소변을 보거나 가축을 사거나 기르면 대흉으로 여겨진다.

태세신이 「자」의 방향에 있을 때는 「술」의 방향에 있다. 뱀을 든 음산한 신으로 그려지는 경우가 많다.

흉

황번신(黃幡神) 흙에 관한 작업을 해서는 안 된다

가공의 별인 나후성(羅睺星)의 화신. 태세신이 「자」의 방향에 있을 때는 「진」의 방향에 있다

병란의 신이므로 무에 관계된 일을 하는 데는 길이나 이 신이 있는 방위에 재보를 간직하는 것은 대흉으로 여겨진다. 또 경작을 하는 것도 흉이다.

다.

　행역신(行疫神, 역병신)이 성신(星神)과 합체하여 매년 매월 유행한다는 발상은 헤이안 시대의 원정기에 시작되어 무로마치 시대에는 서민에게도 널리 전파되었는데, 『보궤내전』에서는 이를 우두천왕과 거단대왕의 정혼과 결합시켜 수많은 길흉일을 소개하고 있다.

헤이안 시대의 풍습

7

헤이안 귀족들은 머리나 의복에 다양한 향을 부렸다. 당시에는 「다키모노(薫物)」라 불렸으며 각자 독자적인 조합을 사용했다. 그중에서도 「매화(梅花)」, 「하엽(荷葉)」, 「국화(菊花)」, 「낙엽(落葉)」, 「시종(侍從)」, 「흑방(黑方)」의 여섯 종류는 조합의 기본으로 여겨졌다.

※일본 각지에 전해지는 설화에 등장하는 인물. 『빈고 풍토기(備後風土記)』에서는 부유한 동생과 가난한 형인 소민장래가 등장한다. 신이 묵을 곳을 구할 때 동생은 응하지 않고, 소민장래만이 묵을 곳을 내어준다. 그 결과 소민장래의 자손은 역병을 피하게 되었다고 한다.

귀문을 지키는 두 문신

삼천리 사방으로 뻗는 가지

신도(神茶)
갈대의 신격화로 여겨진다

울루(鬱壘)
복숭아의 신격화로 여겨진다

복숭아나무
도삭산 위의 거대한 복숭아나무

둘은 귀문을 귀신으로부터 지키는 형제신이다. 중국에는 2인 1조의 문신이 잔뜩 있으며 구정 때 등에 좌우 문에 각각의 그림을 건다. 문신에는 당나라의 무장인 진경&울지공, 『봉신연의(封神演義)』에 등장하는 신선인 정륜&진기 등 다양한 2인조가 존재한다.

일본의 귀문

| 히에이산 엔랴쿠지 | → 동북·귀문 |

수도의 동북쪽 귀문의 수호자로서 엔랴쿠지(延曆寺)가 세워졌다

| 대궁궐 헤이안쿄 |

일본 오리지널의 방위 금기

귀문을 피하다

일 본에서 축인(동북) 방향은 「귀문(鬼門)」이라 불리며 무슨 일이든 피해야만 하는 금기의 방향으로 여겨진다. 방위의 금기는 일본 고유의 것이 많은데 이 「귀문」이라는 발상도 일본 고유의 것이다.

후한의 문인인 왕충이 저술한 『논형(論衡)』에는 「동해에 있는 도삭산 위에는 거대한 복숭아나무가 있으며 삼천리 사방으로 가지가 뻗어 있었으나 동북으로 뻗은 가지는 문처럼 되어 있어 귀신이 출입한다」고 적혀 있으며, 그 옆에는 「신도, 울루라는 문신이 지키고 있어 나쁜 귀신을 갈대 밧줄로 묶어 호랑이에게 먹였다」고 적혀 있다. 중국의 「귀신」은 죽은 인간의 영을 말하며 이 이야기는 동북쪽에 영계로 가는 입구가 존재한다고 믿었음을 의미한다. 이를 알게 된 일본인이 동북쪽에 글자가 같은 「오니」가 출입하는 문이 있다고 착각하여 그 방향을 터부시하는 발상이 생겨난 것일지도 모른다. 참고로 오니를 쫓아내기 위해 궁중에서 벌어진 「추나(追儺)」의 의식 때 나인이 오니를 향해 복숭아 활로 갈대 화살을 쏜

사루가쓰지 귀문막이

귀문을 막고자 하여 만들어진 것이 「귀문막이(鬼門除け)」이다. 이는 저택을 지을 때 애초부터 금기인 동북쪽 모서리(오니의 뿔)를 잘라내는 방법이다. 「사루가쓰지(猿が辻)」라는 이름으로 알려진 교토고쇼의 동북쪽 모서리는 지금도 「귀문막이」로서 안쪽이 잘려 있으며 수호신의 신장대를 짊어진 목각 원숭이가 장식되어 있다.

손에 신장대를 들고 있다

에보시

철망 안에 원숭이가 있다

사루가쓰지의 귀문막이

북

북동

동

안쪽이 잘려 있다

천황이 붕어해도 추나를 한 아베노 세이메이

조호 3년(1001)은 이치조(一条) 천황의 생모가 타계했기 때문에 궁중에서는 그 해의 추나(귀신을 쫓는 의식. 상세는 149p)를 중지하기로 하였다. 그러나 아베노 세이메이는 예년처럼 자택에서 추나를 하였다. 그렇기 때문에 민간에서도 세이메이를 따라 귀신을 쫓는 추나의 의식을 치렀다고 한다. 수도 사람들이 세이메이를 음양사로서 얼마나 깊이 신용했는지 잘 알 수 있는 에피소드다.

폐백

술, 소금 등

세이메이가 추나의 의식을 함으로써 자신의 명성과 지위를 확고하게 만들고자 했다는 의도도 엿볼 수 있다.

것은 『논형』에 「이 고사를 알게 된 황제가 커다란 복숭아나무로 만든 인형을 세우고 신도와 울루와 호랑이 그림을 문에 그리게 한 뒤, 갈대 밧줄로 묶게 하였다」고 적혀 있듯 복숭아와 갈대에는 오니를 쫓아내는 영력이 있다고 믿었기 때문이다.

헤이안 시대의 풍습
8

헤이안 시대의 여성이 입었던 것은 「쥬니히토에(十二単)」라 불리는 소매가 넓은 기모노를 몇 겹이고 걸친 의상이다. 걸친 옷 색의 코디네이트는 「가사네이로메(襲色目)」라 불리는 것으로 어느 계절에 어떤 색의 옷을 걸치는지에 따라 각자의 센스가 드러났다.

다양한
음양도의 제사

제사&
하라에

제사를 지내는 음양사

마, 솜, 종이 등으로 만든 폐백. 신전에 바친다

신주나 소금, 과일, 은전 등을 놓았다

신들에게 바친 제단 앞에서 제문이나 도상(음양사가 봉독하는 신들에게 보내는 편지)을 읽는다

다양한 제사

오제제(五帝祭)

조정에서 주최하는 제사의 하나로 신기나 보물을 만들 때 지냈다. 덴토쿠(天德) 4년(960년) 대궐의 화재로 불타 버린 영검을 조정이 다시 주조시켰을 때도 가모노 야스노리에게 다카오산 진고지에서 「오제제」를 지냈다. 「오제제」는 중국의 전설의 황제인 삼황오제를 받드는 것이어서 검이나 보물에 그러한 신들의 영력을 깃들게 할 수 있다고 여겨졌다.

뇌공제(雷公祭)

조정에서 주최하는 제사의 하나. 벼락이 떨어졌을 때 대궐 북쪽에 있는 기타노에서 지냈다. 또 봄의 번개는 「벌레가 나오는 번개」라고도 불리며 겨울의 끝과 경칩의 시작을 의미하는 것이나, 번개(雷)의 한자가 밭(田)에 비(雨)를 부른다고 여겨졌기 때문인지 이후 농작을 기원할 때도 「뇌공제」를 지내게 되었다.

고산제(高山祭)

조정에서 주최하는 제사의 하나로 충해를 막고 풍양을 기원하는 것. 덴난(天安) 2년(858년), 조간 원년(859년)에 시게오카노 가와히토, 후지와라노 야마카게(藤原山蔭) 등이 다이외국 요시노군 다카야마에 파견되어 『동중서제법(董仲舒祭法)』을 기반으로 고산제를 지냈으며, 고산제의 성립에는 시게오카노 가와히토의 존재가 컸다고 여겨진다. 이후 수도의 북쪽에 있는 후나오카산에서도 지내게 되었다.

하라에(祓え)와 제사는 음양사의 중요한 직무 중 하나였다. 개인의 몸에 붙은 죄나 더러움을 인형이나 본인의 의복 등의 「나데모노(撫物)」로 옮기고 강 등에 떠내려 보내 없애는 것이 「하라에」이며, 대표적인 것으로는 「가린노하라에(河臨祓)」[※1]나 「나나세노하라에(七瀬祓)」[※2] 등이 있다. 한편 적극적으로 병의 퇴산이나 안산 기원, 연명이나 풍작 기원, 혹은 저주를 튕겨내는 등을 위해 벌어진 것이 「제」였다. 음양도의 제사를 적극적으로 지내게 된 것은 9세기 후반 즈음부터로 닌주 3년(853) 음양료가 봉납하여 나쁜 기운을 진정하는 제가 벌어졌는데 이것은 이후 매년의 항례 행사가 되었다.

덴난 2년(858)에는 『동중서제법』을 바탕으로 오곡풍양을 위해 벌레를 퇴치하는 고산제를 지냈으며 조간 9년(867)에는 역병의 유행을 억누르기 위해 「귀기제(鬼氣祭)」도 지냈다. 이후 이러한 공적인 제사 이외에 천황이나 귀족을 위해 개인적으로 지내는 제사도 증가하여 개개인의 본명일(그 사람의 생년에 따라 병, 재난에 특히 주의해야 할 날)이나 속성에 맞춘 「본명

귀기제(鬼氣祭)

천황이나 귀족 등이 개인적으로 지낸 제사. 본래는 병을 고치기 위해 개인의 집 입구에서 지냈으나 역병이 유행했을 때 등에는 대규모로 대궐의 정문 등에서도 지냈다. 조겐(長元) 3년(1030)에는 음양두인 고레무네노 후미타카의 진언으로 수도의 정문인 나성문에서 「귀기제」를 지냈다. 또 궁궐의 동북, 동남, 서남, 서북의 네 귀퉁이에서 벌어지는 「귀기제」를 「사각제(四角祭)」라 하여 사방의 네 곳에서 벌이는 「귀기제」를 「사계제(四堺祭)」라고도 하였다.

초혼제(招魂祭)

천황이나 귀족 등이 개인적으로 지낸 제사. 과거에는 사람의 몸에서 혼이 나오는 것이 병의 원인 중 하나라고 여겨졌기 때문에 병을 고치기 위해서나 무병식재를 위해 지냈다. 조랴쿠(長曆) 4년(1040)은 가뭄이나 역병, 화재나 태풍 등의 대재해가 이어졌기 때문에 9월에 천황의 건강을 위해 「초혼제」를 지냈다.

나카하라노 쓰네모리의 초혼의 의식은 실패로 끝났다(66p)

주조제(呪詛祭)

한때 병이나 난산 등은 타인의 저주에 의해서도 일어난다고 여겨졌다. 그렇기 때문에 천황이나 귀족 등은 음양사를 불러 그러한 저주를 제거하기 위해 「주조제」를 지냈다. 그때 본인에게 걸린 저주를 인형으로 옮기고 흘려보내 제거할 필요가 있었기 때문에 제사는 「가린노하라에」 등과 똑같이 강변에서 올렸다.

인형

대장군제(大將軍祭)

대흉의 유행신인 대장군(22p)의 방위로 이사해야 할 때 귀족 등이 개인적으로 지낸 제사. 그렇기에 「진택제(鎭宅祭)」나 「토공제(土公祭)」「방해화재제(防解火災祭)」 등과 함께 지내는 경우가 많았다. 「대장군제」의 신상을 그린 액자를 걸고 거울을 두고 지냈다.

대장군

속성제(属星祭)

천황이나 귀족 등이 개인적으로 지낸 제사. 본디 도교의 신이었던 북두칠성에 대한 신앙은 일본에서는 9세기경부터 강해져 10세기경이 되어 각각의 별들이 개인의 일생을 좌우한다고 여기게 되었다. 그래서 지낸 것이 북두칠성 중 각각의 개인이 속하는 별을 섬기는 「속성제」였다.

녹존성
거문성 염정성 파군성
탐랑성 문곡성 무곡성

본명제(本命祭)

천황이나 귀족 등이 개인적으로 지낸 제사. 본명일이란 개인의 생년월일에서 산출되는 특정한 간지를 의미하며 이를 바탕으로 개인의 연명이나 초복을 기원한다. 「천조, 지부, 사명, 사록, 하백수관, 장적, 장산지신」 등의 신을 받들어 모시는 것으로 「연희식(延喜式)」(율령의 법전)에도 음양료가 주최하여 천황을 위해 한 해에 여섯 번 본명제를 지내기로 규정되어 있다. 그 외에도 귀족들의 일기를 보면 각자 「본명제」를 지냈음을 알 수 있다.

제(本命祭)」나 「속성제(属星祭)」 등을 일상적으로 빈번하게 지내게 되었다. 후지와라노 미치나가의 『어당관백기』에도 미치나가의 본명일에 해당하는 병인일마다 가모노 미쓰요시를 불러 「본명제」를 지낸 모습이 기록되어 있다.

헤이안 시대의 풍습
9

헤이안 시대의 남성은 언제나 「관」이나 「에보시(烏帽子)」 등의 모자를 쓰고 있었는데 당시에 이러한 에보시 등을 벗고 자신의 머리카락을 남들에게 보이는 것은 현대인이 대중 앞에서 속옷 바람이 되는 것보다 부끄러운 일이라고 여겨졌다.

※1 음양사가 의뢰인의 옷을 써서 재액을 인형이나 차형 등에 옮기고 강에 흘려보내 없앴다
※2 일곱 가지 강과 바다에서 지냈다. 천황이 숨을 불어넣고 재액을 짊어진 인형을 흘려보냈다

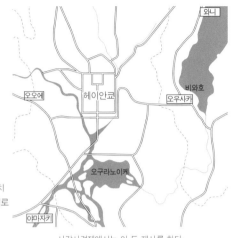

제사&하라에

사각사계제
(사각사경제)

수도의 사방에 쳐진 결제

수도를 지키기 위해 벌어진 사경제

와니

오오에   헤이안쿄   비와호
오우사카

오구라노이케

야마자키

사각사경제에서는 이 두 제사를 한다.
도합 8명의 음양사가 필요하다

궁중을 지키기 위해 지낸 사계제

동그라미 표시가 「사각」의 위치
이치조대로
조원
대궁궐
주작문   냉천원   니조대로
대학료
주작대로

역　병이 자택에 들어오지 않도록 각자의 저택 입구에서 「귀기제(鬼氣祭)」를 지냈으며 헤이안쿄 궁궐의 경우 남문의 건례문 앞에서 지냈다. 이러한 개개인의 역병 퇴산을 비는 것이 아니라 대규모로 수도의 모든 곳에서 역병 퇴산을 비는 제사가 「사각사계제(四角四堺祭, 사각사경제(四角四境祭))」이다.

　나라 시대 말기의 호키 원년(770)에 수도의 네 모퉁이와 기나이의 열 곳의 경계 상에서 역병 퇴산을 위한 제사를 지냈는데 이것은 「사우역신제(四隅疫神祭)」, 「기나이계십처역신제(畿内堺十処疫神祭)」 등이라 불린 것으로 기본적으로는 「사각사계제」와 같은 제사였다.

　제사에는 금장횡도 두 자루와 오장횡도 여섯 자루, 그리고 금은을 칠한 인형을 준비하고 「황천상제, 삼극대군, 일월성진, 팔방제신, 사령, 사적, 동왕부, 서왕모, 오방대제」와 같은 도교계의 신들을 기린 뒤, 신들에게 금으로 된 칼과 은을 칠한 인형을 바치고 「동으로는 부상에 이르며, 서로는 우연에 이르고, 남으로는 염광에 이르며, 북으로는 약수에 이른다. 천성백국, 정치만세, 만만세」라는 제문을 읊었다고 한다.

　「사각사계제」는 헤이안쿄에서는 대궁궐의 네 모서리와 야마시로의 국경에 해당하며 수도와의 경계라 여겨졌던 오우사카, 와니(류우게), 오에다, 야마자키에서 지내고, 가마쿠라에서는 막부의 네 모퉁이와 가마쿠라의 국경에 해당하는 코부쿠로자카, 코츠보, 무츠라, 카타세가와에서 지냈다.

제사&하라에
오룡제

용은 비를 부르는 신수. 다섯 개의 모든 방위에 있는 용을 모두 불러내 강력한 기우제를 지냈다

(수)
북방흑룡신왕

(금)　　　　(토)　　　　　　(목)
서방백룡신왕　중앙황룡신왕　동방청룡신왕

남방적룡신왕 (화)

오행설에 기반을 둔 다섯 신룡을 오룡이라 한다. 각각 「동방청룡신왕(東方青龍神王)」, 「남방적룡신왕(南方赤龍神王)」, 「서방백룡신왕(西方白龍神王)」, 「북방흑룡신왕(北方黑龍神王)」, 「중앙황룡신왕(中央黃龍神王)」이다

조　정에서 주최하는 기우제를 위한 제사. 동중서(董仲舒, 82p)의 『춘추번로(春秋繁露)』[1] 에는 「오룡(五龍)」을 부려 비를 기원하는 구우법이 기재되어 있는데, 이는 오행사상 으로 물의 속성을 지닌 용에게 비를 기도한다고 적혀 있을 뿐, 일본에서 지낸 「오룡 제(五龍祭)」와는 다소 달랐다고 한다. 이후 가모씨가 집필한 『문간초(文肝抄)』에는 「다섯 용을 동시 에 받든다」고 적혀 있는 것으로 보아 일본의 기우의 「오룡제」는 다섯 용을 섬기는 것이었 던 듯하다.

『일본기략(日本紀略)』에는 엔키(延喜) 2년(902) 6월 17일에 「오룡제」를 지냈다는 기술이 있 으며 이후에 빈번하게 지냈다고 되어 있다. 다만 헤이안쿄에서는 덴초(天長) 원년(824)에 신천원에서 구카이(空海)가 준나(淳和) 천황의 칙명으로 기우제를 지내 비를 내리게 했다는 실적이 있기 때문에 기본적으로 밀교의 「청우경법(請雨經法)」과 동시에 지내는 것이 통례였 다. 엔키 15년(915) 6월에 신천원에서 기우제를 지낼 때도 아자리 칸겐(觀賢) 등의 닷새 동 안의 수법과 동시에 음양사들이 「오룡제」를 지냈다.

또 『어당관백기』에 따르면 간코(寬弘) 원년(1004)에 가뭄이 이어졌기 때문에 이치조 천황 의 명으로 아베노 세이메이가 「오룡제」를 지냈다. 이때 보기 좋게 비가 내려 천황은 세이 메이의 공으로 보고 피물[2]을 하사하였으나 실제로는 가뭄이 진정될 정도의 비가 내리지 는 않았다.

※1 중국, 전한의 유학자, 동중서의 저서. 정치, 도덕 등에 관한 논집. 천인상관설, 복수의 강조 등이 적혀 있다
※2 공적에 대한 선물

제사&하라에

다양한 제사

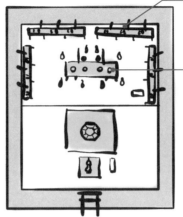

세 방향의 제단에는 백폐, 은폐, 금폐가 바쳐졌다

중앙의 단에는 신주나 은전 등이 놓였다

제단의 간단한 도식 천조지부제(天曹地府祭)는 죽은 자를 되살리는 태산부군제(46p)에 비하면 소규모이기 때문에 경비가 덜 들어 저렴했다

천조지부제

천황이나 귀족 등이 사적으로 지낸 제사로 수명의 연장이나 건강을 빌고자 지냈다. 원정기부터 지내기 시작한 제사.

가마쿠라 시대(1185~1333)에는 장군선하(將軍宣下)※ 때 아베씨의 음양사가 지내게 되었으며, 아베씨는 「曹」 대신 「曹」의 한자를 사용하기도 했다.

무로마치 시대에 들어가면 오에이(応永) 13년(1406) 정월에 장군 아시카가 요시미쓰(足利義満)를 위해 가모노 아시히로가 7일에 걸친 「천조지부제(天曹地府祭)」를 지냈으며, 오에이 32년(1425)에는 그 아들인 가모노 아시카타도 쇼코 천황을 위해 지냈다.

「천조, 지부, 수관, 북제대왕, 오도대왕, 태산부군, 사명, 사록, 육조판관, 남두호성, 북두칠성, 가친장인」 등을 받드는 제사로 천황과 장군의 대가 바뀔 때마다 지냈다. 이윽고 천변지이 등의 중대사가 일어났을 때도 임시 제사로 지내게 되었다.

에도 시대에 들어가 장군 선하와 천황의 세대교체 때 쓰치미카도 가문에 의해 거행되었으나 정치적으로 혼란스러웠던 메이지 천황의 즉위 때는 지내지 않았다.

방해화재제

약식으로는 화재제라 불리며 궁궐이나 어소를 신축했을 때 안택을 위해 지냈다. 당시에는 건물 피해에 있어서 화재를 제일 두려워했으며 화재 방지를 위해 지냈기 때문에 이러한 이름이 붙여졌다. 가마쿠라 시대의 가모씨가 제사를 기록한 『문간초』에 따르면 제사

※조정에서 병권을 쥐는 최고 권력자인 정이대장군을 임명하는 것

물과 불의 신에게 기도하는 방해화재제

주동상(朱童像)

하백상(河伯像)

불을 관장하는 신.
음양도의 양을 뜻
한다

하천을 수호하는 신.
음양도의 음을 뜻한다

흙의 신에게 기도하는 토공제

북

서

동

남

토공신이 있는 장소

아궁이
정원 춘
동 하 문
추
우물

토공의 화신인 땅속의 복룡은
계절에 따라 머리, 배, 등, 발의
위치가 변화한다. 봄에는 머리
가 동쪽, 배가 남쪽, 등이 북쪽,
발이 서쪽으로 향하는 상태로
엎드려 있다. 기동을 세울 때는
배 이외의 장소에 세우면 흉상
인 집이 된다.

는 북쪽의 임(壬)시나 계(癸)시 방향으로 지내며, 침전의 네 모퉁이에는 하백상이 그려진 팻말을 박고, 각 건물의 병의 방위에는 수정부의 팻말을 박고, 중앙의 침전 위의 임과 병의 방향에는 배 모형을 두 척 놓아둔다고 되어 있다. 또 음양사는 다섯 방향의 방해화재신과 하백, 주동신을 기려「하백은 물의 정령이요. 주동신은 불일지니. 수극화란 즉 물이 불을 이기는 것이다」라는 제문을 읽어 내린다. 불의 신이기도 한 주동신을 부르는 것은 오행상극(77p)의 사고방식에 따라 물의 신인 하백으로 화신을 억누르기 위해서이다.

토공제

토공신은 음양도의 유행신 중 하나로 흙을 관장한다. 봄은 아궁이에, 여름은 문에, 가을은 우물에, 겨울은 정원에 있다고 여겨지며, 그 시기에 흙을 건드리는 공사나 건축 등은 흉으로 여겨지기 때문에 먼저 토공신(土公神)을 기리는「토공제(土公祭)」를 지냈다. 또「토공제」는 토공신이 원인으로 일어나는 병일 때에도 지냈다. 가마쿠라 시대에 음양두였던 아베노 야스타다(安倍泰忠)의 일기에는 요와(養和) 2년(1182) 정월에 야스타다의 아버지인 아베노 야스시게(安倍泰茂)가 안토쿠(安德) 천황의 모친인 겐레이몬인 도쿠코(建礼門院德子)를 위해 육파나전에서「토공제」를 지냈다고 적혀 있다.

31

저주로 사람을
죽일 수도 있었던
음양사

저주·
영부로
주술을
부리다

묵서토기(墨書土器)

문자를 적은 토기를 우물 바닥에 가라앉히거나 흙에 묻는 주법

미가타메
(身固)

구로우도 소장
(蔵人の少将)

아베노
세이메이

『우지슈이모노가타리』에서 세이메이가 행한 미가타메(身固)는 「소장을 꼭 안아 미가타메를 하고 밤을 새워 주문을 읊으며 기도했다」라고 적혀 있다. 그림은 그 이미지. 외부에서 사악한 것이 침입하는 것을 막고 심신을 지키는 호신의 주술이다. 실제로는 끌어안는 것이 아니라 반폐(144p)를 약식으로 한 작법으로 여겨진다.

인형

원수의 혼을 종이나 목제 인형에 넣어 저주한다. 태우기, 자르기, 못 박기 등의 고문을 했다. 저주가 아니라 병을 고치거나 몸을 지키기 위한 제사에 쓰이는 경우도 많았다

나데모노(撫物)

인형이나 옷을 쓰다듬어 의뢰자의 부정을 대신 받도록 하는 주법. 나데모노에 그 사람의 부정을 옮기고 이를 강에 흘려보내거나 태우는 등으로 다른 세계로 부정을 보낸다. 인형 대신 의류나 거울, 빗을 사용하기도 했다.

점 에 따라서 변고의 전조를 알려주며 제사나 하라에로 재액으로부터 몸을 지켜주는 음양사는 당시의 사람들에게는 믿음직한 존재였던 한편, 그러한 이능력으로 사람을 죽일 수도 있는 무시무시한 존재이기도 했다.

아베노 세이메이가 궁궐에 있었을 때 구로우도의 소장이라는 젊고 아름다운 귀공자가 찾아왔는데, 아베노 세이메이의 눈앞에서 상공을 날고 있던 까마귀가 소장에게 똥을 뿌렸다. 이것이 다른 음양사에 의한 저주임을 간파한 세이메이는 「당신은 누군가에게 저주당했다. 이대로라면 오늘밤에 죽을 것이다」라고 가르쳐 주고 미가타메를 하여 소장의 목숨을 지켰는데, 소장을 저주한 음양사는 세이메이의 「식신 되돌리기(式神返し)」로 반대로 죽어버렸다고 한다. 이는 소장의 동서가 시아비가 소장만을 아끼는 것을 질투하여 음양사에게 살해를 의뢰한 것이었다. 저주로 사람을 죽일 힘을 지닌 음양사도 더욱 힘이 있는 음양사의 제사 앞에서는 꺾이고 만 것이다(『우지슈이모노가타리』에서). 당시의 사람들은 음양사가

○는 별을 의미한다

별과 별을 잇는 선은 화합을 의미한다

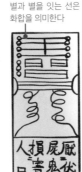

아베노 세이메이와 진택영부

당시에는 음양사가 그린 영부에도 힘이 있다고 믿어졌다. 집을 화재나 온갖 재해로부터 지키는 호부인「진택영부(鎭宅靈府)」 등이 유명하다. 참고로 나라 현에 있는 진택영부 신사의 제신「진택영부신(鎭宅靈府神)」은 아베노 세이메이가 개안했다고도 한다.

진택영부는 72장으로 구성된다. 「귀신을 물리친다(억누른다)」 등 인생에서 사악한 것을 막기 위한 72가지 말이 적혀 있다. 영부는 사스키 화지(뜨진 상태의 화지), 합환목이나 복숭아, 버드나무 가지가 쓰였다. 묵은 농묵이나 주사를 사용하여 그려졌다

급급여율령

음양사가 제사를 지낼 때는 제문을 읽는데 마지막에는 반드시 「급급여율령」이라 적혀 있었다. 이는 원래 「서둘러 율령을 따르라」는 명령문에 불과했으나 음양사가 오랫동안 사용하다 보니 이것만이 독립해서 주문이나 영부로 쓰이게 되었다.

급급여율령이라 적힌 목간. 유적에서 출토되는 경우가 많다. 원래는 중국 한나라 시대의 공문서에 쓰였던 서식이다. 헤이안 시대 중기 귀족 사회의 아동용 학습 교양서「구유(口遊)」에 따르면 예를 들어 방위신 중 하나인 태백신의 가타이미를 피하기 위해 가타타가에를 하는 사람은 「일명심자(一明心者)/이명복자(二明福者)/만명심자(万明心者)/천만복자(千万福者)/급급여율령(急急如律令)」이라는 주문을 외웠다고 한다

전국 다이묘인 이마가와 요시모토(今川義元)가 사용한 인판에는 「여율령(如律令)」의 세 문자가 새겨져 있다

주술로 역신이나 요괴를 물릴 수 있는 것처럼 다른 인간을 저주해 죽일 수도 있다고 믿었다. 특히 당대의 권력자였던 후지와라노 미치나가는 원망을 사는 일도 많았다고 하며 음양사의 주금으로 저주받았다는 이야기는 셀 수 없을 만큼 많았다.

헤이안 시대의 풍습

10

귀족의 저택이라도 바닥은 마루였으며 개인이 앉을 자리에만 다다미가 깔렸다. 그 다다미도 앉는 사람의 신분의 높이에 따라 두께나 레두리의 모양 등이 정해졌다. 신분이 낮은 자는 천 레두리를 씌운 얇은 돗자리에 앉았다.

하뉴 유즈루 선수와 아베노 세이메이

2014년 소치 올림픽에서 일본 남자 피겨 스케이트 부문 첫 금메달을 획득한 하뉴 유즈루(羽生結弦) 선수는 뒤이은 2018년 평창 올림픽에서도 금메달을 획득하여 실로 66년만에 2연패라는 쾌거를 이루어냈다. 이때 하뉴 선수가 춘 프리 프로그램이 「SEIMEI」로, 이는 2001년에 교겐(狂言)사 노무라 만사이(野村萬斎) 씨가 주연으로 출연한 영화 『음양사』의 아베노 세이메이를 모티브로 한 안무였다.

영화에서 노무라 씨가 연기하는 아베노 세이메이가 아름답게 춤추는 씬이 있는데 하뉴 선수가 연기 시작에서 양손을 위아래로 착 펼치는 씬도 이를 기반으로 하였다. 원래는 노무라 씨가 연기하는 아베노 세이메이는 가리기누를 입고 있었기 때문에 춤 첫 부분에서 손을 위로 올리는 것은 단순히 긴 소매를 쳐내기 위한 것으로 동작 자체에 특별한 의미는 없었다. 그러나 피겨 스케이팅 의상의 소매는 팔에 착 달라붙어 이 움직임은 필연성이 없어져 버린다. 그래서 시합 전에 하뉴 선수와 대담을 한 노무라 씨가 「천지를 찌른다는 의미를 담는 건 어떨까」라는 제안을 한 것으로 인해 하뉴 선수의 「하늘을 받치고 땅을 누르는」 듯한 동작이 생겨났다. 이 힘차고 인상적인 도입의 동작으로 시작하는 「SEIMEI」는 세계 최고득점을 두 번이나 뛰어넘는 전인미답의 스코어를 따내 피겨계의 전설의 연기가 되었다.

「SEIMEI」의 안무

가리기누를 모티브로 한 의상. 본래의 가리기누는 어깨뿐만 아니라 겨드랑이도 벌어져 있으나 피겨 스케이팅용으로 닫혀 있다

음양사계의
슈퍼스타
아베노 세이메이

921년(추정)에 태어나 1005년에 타계한 아베노 세이메이. 지금으로부터 1100년 전의 교토에 태어났다. 슈퍼스타인 그는 대체 무엇을 했을까. 여우 어머니에게서 태어나 어렸을 때부터 요괴와 귀신을 보았다. 식신을 구사하고 죽은 사람을 되살렸다는 등, 마치 신처럼 전해 내려오는 아베노 세이메이의 남다른 재능을 역사적 사실과 전설을 섞어가며 해설한다.

음양사 중의 음양사

아베노
세이메이

아베노 세이메이는 무엇을 입었는가

소쿠타이(束帶) 차림

헤이안 시대, 음양료에서 일하는 음양사는 6위 이상의 계위를 지닌 귀족이 많았다. 그러므로 귀족과 같은 옷을 입었다고 추측된다. 아베노 세이메이도 문관이 조정에서 근무할 때의 정장인 소쿠타이를 입었을 것이다

가리기누(狩衣) 차림

음양사에게 특별한 의상은 없었다. 하지만 다양한 파생작품 속에서 세이메이는 으레「흰 가리기누」차림으로 그려진다. 세이메이의 가장 유명한 초상화인 아베오지 신사 소장「아베노 세이메이상」의 흰 가리기누 차림이 바탕이 되었다고 한다

코지 (巾子)

고가이
(笄)

구비가미
(首紙)

스이에이노칸무리
(垂纓冠)

홀

호에키노호
(縫腋袍)*

카자타치 (飾劍)
(의례용 도검)

히라오 (平緒)*

시타가사네 (下襲)*
옷자락

우에노하카마
(表袴)

다테에보시
(立烏帽子)*

히토에
(単)
가리기누*

쥘부채

사시누키
(指貫)

아베노 세이메이의 최종관위는 종사위하로 조정에 출사할 때는 정식 조복인 소쿠타이를 입었다고 추측된다. 옷의 색은 관위에 따라 각각 다르며 원래는 4위가 짙은 심홍색, 5위가 연한 심홍색이었으나 세이메이가 섬겼던 이치조 천황 시대에 5위 이상은 모두 검정 일색으로 변경되었다. 장속의 천은 헤이안 후기에 현재 볼 수 있는 고와(強)장속으로 바뀌었으나 세이메이 시절에는 더 유연한 형태의 나에(萎)장속이 주류였다

헤 이안 중기에 음양사로서 활약한 아베노 세이메이의 선조는 아스카 시대에 좌대신을 맡은 아베노 우치마로(安倍内麻呂, 아베노 쿠라하시마로(安倍倉梯麻呂))였다고 하나 세이메이의 아버지인 아베노 마스키(安倍益材) 시절에는 하급 관료로 영락해버렸다. 『속고사담(続古事談)』에는 세이메이가 오오토네리(大舍人, 잡일에 종사하는 하급 역인)였을 때「한 길의 달인이 된다」는 점의 결과를 얻었다고 적혀 있다. 대귀족인 후지와라씨에 의해 신분제가 고정되었던 헤이안 중기에 세이메이는 40대에 겨우 천문득업생※이 되었는데, 이는 자신의 집안으로는 출세를 할 수 없겠다고 생각해 기술로 출세하겠다는 결의를 나타낸 것이었을지도 모른다.

세이메이는 역가로서 이름 높았던 가모노 다다유키(賀茂忠行, 68p)와 그 아들로서 파격적인 출세를 이룬 가모노 야스노리(69p)의 문하생으로서 역학과 천문을 배우고, 야스노리가 죽은 이후에는 간코 2년(1005)에 85세로 사망할 때까지 가잔 천황과 이치조 천황, 당대의

*다테에보시: 에보시는 검게 칠한 모자라는 뜻 다테에보시는 에보시 중 가장 격식이 높은 형식(역주)
*가리기누: 헤이안 시대의 전통의복으로 민간의 사냥복에서 기원했다(역주)
*호에키노호: 겨드랑이 밑을 꿰맨 일본 문관의 전통의상(역주)

세이메이의 약력

연도	사건	나이
921년 (추정)	탄생	나이
960년	천문득업생이 되다	40세
961년	음양사가 되다	41세
972년	천문박사가 되다	52세
995년	주계권조(국가의 재정수지를 담당하는 주계료의 부장관)가 되다	75세
997년	대선대부(조정의 의식에 필요한 음식을 담당하는 기관 대선직의 장관)가 되다	77세
1000년	종사위하가 되다. 종오위 이상부터 정전에 오를 수 있었으며, 음양사로서는 이례적인 출세였다	80세
1002년	좌경권대부(수도의 행정을 담당하는 기관의 장관)	82세
1005년	별세	85세

세이메이는 천황의 비서 역할을 맡은 「구로우도도코로」에서도 근무했다는 기록이 있다. 천황이 음양사를 필요로 했을 때 바로 대응할 수 있도록 천황 직속의 「구로우도도코로 음양사」로서 근무했다. 당시의 가장 우수한 음양사가 지명되는 자리였으며 이는 995년, 75세일 때였다

현재의 세이메이 신사에는 세이메이가 영력으로 솟아 나오게 했다는 「세이메이 우물」이 있으나 역시 음양사의 신사인 만큼, 매년 입춘 날 길한 방향으로 우물물의 꼭지 방향을 바꾸고 있다

권력자인 후지와라노 미치나가 등을 위해 점이나 하라에, 마쓰리, 반페(144p) 등을 하고 음양사계의 제1인자로서 군림했다. 이러한 세이메이의 다양한 유능함은 그의 사후에도 선전되어 가마쿠라 시대가 되어 『곤자쿠모노가타리(今昔物語)』나 『우지슈이모노가타리(宇治拾遺物語)』 등에 의해 이능력을 지닌 슈퍼 히어로와 같은 존재로서 더욱 세상에 널리 퍼지게 된다.

40세라는 늦은 출사

아베노 세이메이는 덴토쿠(天德) 4년(960)에 천문득업생으로서 정식으로 역사에 등장한다. 이때 세이메이 40세, 상당히 늦은 출사였다. 그러나 그 뒤의 출세는 빨라서 오와(応和) 원년(961)에 음양사, 덴로쿠(天禄) 3년(972)에 천문박사가 된다. 가모노 야스노리 사망 후 음양계의 톱으로 군림하며 곡창원 별당, 대선대부를 거쳐, 종사위하의 좌경권대부가 된다.

85세에 왕생이라는, 당시에는 놀라울 정도로 장수했던 세이메이의 영광은 만년에 찾아왔다

세이메이의 저택은 어디에 있었나?

아베노 세이메이의 생가터로는 교토시 가미교구의 세이메이 신사가 유명하나 이것은 음양도와 깊은 관계가 있는 이치조 모도리바시와 가까웠기 때문에 에도 시대부터 선전된 것이다. 실제로는 세이메이의 자손인 아베노 야스치카(安倍泰親)와 아베노 하루미치(阿倍晴道)의 상속 분쟁의 기록으로 보아 「사쿄 북변 3방 2정 남서각 6호주」였다고 여겨지며 현재의 교토 플라이트 호텔 인근이다(71p).

음양사의 소문

1

헤이안 후기에 저술된 『도리카에바야 모노가타리(とりかえばや物語)』는 남성과 여성이 뒤바뀌어 지내는 이야기. 남자로서 머리를 짧게 잘랐던 「히메기미(姫君)」가 여자로 돌아가기 위해 요시노의 궁에서 받은 비약을 써서 머리를 하루에 3촌(약 9cm)나 길렀다고 한다.

*히라오: 속대할 때 허리에 차는 칼에 다는 폭이 넓고 납작한 띠(역주)
*시타가사네: 의복 안에 받쳐 입는 일본의 전통 의상(역주)
※고도의 학문, 기술을 습득해야 하는 성적우수자에게 내려진 신분. 수학 이후 시험을 치르고 전문직에 앉는다. 세이메이는 음양료에서 천문학의 득업생이 되었다

스타는 이윽고 전설이 된다

이야기 속의 아베노 세이메이

역사에서 세이메이의 어머니가 누구였는가에 대한 자료는 분명하게 남아 있지 않다. 그러나 어머니가 여우였다는 전설은 중세 시대에는 성립되어 있었던 듯하다. 그것은 흰 여우에 걸터앉은 모습으로 여겨지는 밀교의 여신, 다키니를 방불케 한다. 가부키나 닌교조루리(人形浄瑠璃)에서 아이 세이메이와 어미 여우와의 이별 장면이 그려진다

가부키 『아시야 도만 오우치카가미(蘆屋道満大内鑑)』에서는 정체를 들킬 위기에 처한 어미 여우(구즈노하)가 장지에 「그리우거든 찾아와보십시오 이즈미(에) 있는 푸른 시노다 숲의 원한 구즈노하」라고 이별 와카를 적는다. 무대 위에서 연기자가 실제로 왼손으로 적거나 거울문자로 적거나 입에 물고 적거나 하는 「구세가키(曲書き)」를 보여주어 좋은 볼거리가 되었다.

동자(훗날의 아베노 세이메이)

구즈노하
(葛の葉)

여우 구즈노하를 놓친 남편 아베노 야스나(安倍保名)는 아들 세이메이를 끌어안고 시노다 숲으로 어머니를 찾으러 간다. 구즈노하는 아들을 그리워해 다시 인간의 모습으로 변해 나오나, 두 번 다시 인간과는 살 수 없다며 흰 여우의 모습으로 돌아가 모습을 감춘다

아베노 세이메이 사후 음양도는 아베씨와 가모씨의 두 가문이 장악하게 되었다. 아베씨는 가모씨에게 대항하기 위해 희대의 음양사로서 이름을 떨쳤던 아베노 세이메이의 능력을 특히 선전하여 인지를 뛰어넘은 이능력을 지닌 「신」과 같은 존재로서 세상에 널리 알렸다.

이렇게 퍼진 세이메이의 모습은 작품세계에 투영되어 중세에 쓰인 『곤자쿠모노가타리』나 『우지슈이모노가타리』에서는 어렸을 적부터 백귀야행이 보였다(40p)거나, 식신을 부려 개구리를 죽였다거나, 술식 대결을 하고자 하리마에서 찾아온 승려의 식신을 숨겨 버렸다는 등 초능력을 지닌 슈퍼 히어로로서 묘사되었다.

이윽고 에도 시대가 되어 세이메이를 슈퍼 히어로로서 결정지었다고 해도 좋은 가나조시 『아베노 세이메이 모노가타리(安倍晴明物語)』가 출판된다. 『아베노 세이메이 모노가타리』의 1권에는 세이메이가 태어나기 전의 기비노 마키비와 아베노 나카마로의 에피소드

조루리나 가부키에서는 흰 모피 의상을 둘러 여우로 변했음을 표현했다

여우가 된 모습. 『본조이십사고(本朝廿四孝)』나 『의경천본앵(義経千本桜)』 등에서도 흰 여우가 활약한다

조루리·가부키 속의 아베노 세이메이

아베노 세이메이를 다룬 『아시야 도만 오우치카가미』는 에도 중기에 초대 다케다 이즈미가 집필했으며 조루리로서 인기를 떨친 작품이다. 조루리 초연 다음 해에는 가부키로도 만들어져 이쪽도 큰 인기를 모았다. 총 다섯 단의 작품인데 메이지 시대에는 흰 여우의 화신인 구즈노하와 세이메이의 모자 이별을 그린 제4단이 상연한 경우가 많으며 통칭 『구즈노하』라 불리는 경우가 많다.

아베노 세이메이의 선조는 아베노 나카마로?

나라 시대에 견당사로서 당으로 건너가 결국 일본에 돌아오지 못하고 객사한 아베노 나카마로를 아베노 세이메이의 선조로 삼은 것은 가나조시 『아베노 세이메이 모노가타리』이다. 이야기 속에서는 당에서 죽은 아베노 나카마로의 혼이 요괴가 되어 기비노 마키비를 돕는다는 설정인데, 기비노 마키비는 아베노 나카마로와 동시에 입당했기 때문에 이는 완전한 픽션이다.

우수했던 아베노 나카마로는 현종 황제의 눈에 든 탓에 입당한 지 30년 이상 흘러도 귀국이 허락되지 않았다. 그럴 때 고향 일본의 나라를 그리며 읊은 것이 『드넓은 하늘 우러러 바라보니 뜬 저 달은 고향산에서 바라 본 달과 같을까』라는 와카였다. 이것은 『고킨와카슈(古今和歌集)』에도 실렸으며 현재는 백인일수에 실린 노래로서도 많이 알려져 있다

아베노 나카마로
(阿倍仲麻呂, 698~770)

『드넓은 하늘 우러러 바라보니 뜬 저 달은 고향산에서 바라 본 달과 같을까(天の原 ふりさけ見れば春日なる 三笠の山に 出でし月かも)』란 「하늘을 올려다보면 달이 보인다. 저건 고향 가스가에 있는 미카사 산에 나온 것과 같은 달일까」라는 의미

가 적혀 있으며, 2권과 3권에는 여우의 아이로서 태어난 세이메이가 기비노 마키비(吉備真備)에게 당에서 전해져 온 『보궤내전(簠簋内傳)』(50p)을 배우고 익힌 이능력을 무기로 다양한 활약을 했다는 내용이 적혀 있다.

에도 시대에 대유행한 세이메이를 다룬 조루리나 가부키도 대부분 이 『아베노 세이메이 모노가타리』를 베이스로 삼고 있다.

음양사의 소문
2

교토의 다카가미네에서 남쪽으로 흘러가는 덴진가와(강). 기타노텐만구의 상류는 가미야가와(강)라고 불리는데 이는 헤이안 시대, 궁중에서 사용하는 종이를 뜨기 위해 「가미야원(紙屋院)」이 관리하는 「가미자(紙座)」가 설치되어 있었기 때문에 지어진 이름이다.

백귀야행은 위험이 한가득

백귀야행이란 그 이름처럼 온갖 괴이가 대열을 지어 걷는 것이다. 헤이안쿄 대궐의 동남쪽에 있는 니조대로와 오오미야대로가 교차하는 사거리는 백귀야행이 종종 나타나 사람들이 「아와와」하고 비명을 질렀기 때문에 「아와노쓰지(あわの辻)」라고 불리게 되었다.

어렸을 때부터
재능을 보였다

백귀야행을 볼 수 있었던 소년 시대

네코마타 (猫また) 도리카부토 (鳥兜) 야리케쵸 (槍毛長) 쓰루베비 (釣瓶火)

눗페후호호 (ぬっぺふほふ)

비와보쿠보쿠 (琵琶牧々)

구쓰쓰라 (沓頬) 여의자재 (如意自在) 누리보토케 (塗仏) 소년 시절의 아베노 세이메이 고토후루누시 (琴古主)

「곤자쿠모노가타리」에는 우대신인 후지와라노 요시미(藤原良相)의 아들인 후지와라노 도키쓰라(藤原常行)가 정부에게 가려다 미복문 근처에서 백귀야행을 만났다는 이야기도 적혀 있다. 그러나 이때 도키쓰라는 유모가 아자리에게 적도록 한 「존승다라니(尊勝陀羅尼)」의 경을 옷에 꿰매었기 때문에 요괴들에게 들키지 않고 무사히 넘어갔다고 한다.

훗날 「천하무쌍의 음양사」라 불리게 되는 아베노 세이메이는 어렸을 때부터 남다른 능력을 지니고 있었다. 『곤자쿠모노가타리』에는 이런 에피소드가 실려 있다. 어렸을 적의 세이메이는 「당대제일」이라 이름 높았던 가모노 다다유키 아래에서 음양도를 배웠다. 그러던 어느 날 시모교로 하라에를 하러 나간 다다유키는 피곤한 탓에 돌아오는 우차 안에서 꾸벅꾸벅 잠들어 버렸다. 소의 곁을 걷고 있었던 어린 세이메이는 문득 앞에서 다가오는 무수한 요괴의 존재를 알아차렸다. 그래서 자고 있던 스승을 깨워 그에 대해 이야기했다. 깜짝 놀란 다다유키가 서둘러 술법을 써서 우차와 함께 모습을 숨겨 요괴의 눈을 가린 덕분에 둘 다 무사히 넘어갔다. 이 일이 있은 뒤로 다다유키는 「나조차 수행을 거쳐 겨우 요괴를 볼 수 있게 되었는데 이렇게 어릴 때부터 요괴를 볼 수 있다니…」라며 세이메이의 천성의 재능을 알아차리고 자신이 아는 음양도의 모든 것을 가르쳤다고 한다.

요괴는 예로는 「隠(오니)」라고도 쓰여 숨어서 눈에 보이지 않는 것 전반을 가리킨다. 그

아베노 세이메이

산가지

웃는 귀족들

산가지로 사람을 웃게 하다

경신일 밤 궁중에 모인 사람들에게 세이메이가 「여흥으로 여러분을 웃게 만들어 보이겠습니다」라며 산가지를 늘여 놓았다. 그러자 그곳에 있었던 사람들은 웃기지도 않은데 갑자기 웃음을 터뜨렸다. 너무 웃어 괴로워하는 사람들이 「그만해 달라」고 애원해서 세이메이는 다시 산가지를 움직였다. 그러자 웃음은 뚝하고 멈췄다. 그가 타인의 감정도 조종할 수 있었다는 에피소드다.

산가지란 고대 중국에서 계산에 쓰인 도구로 일본에서도 주산을 할 때 쓰였다. 이것이 평범한 사람의 눈에는 신기하게 보여서 세이메이의 음양도 술법과 연관 지어진 것이리라(『호쿄구대기(北条九代記)』에서)

경신일 밤은 『경신대(庚申待)』라 하여 그날 밤에 잠들면 몸에 있는 삼시충이 그 사람이 저지른 죄를 하늘에 고하기 때문에 하룻밤 동안 깨어 있어야 한다 (105p). 그래서 잠들지 않기 위해 여흥으로서 세이메이가 이러한 행동을 한 것일 터이다.

가잔 천황의 두통의 원인을 맞추다

가잔(花山) 천황에게는 두통이 있어 이를 고치고자 온갖 치료를 해보았지만 전혀 낫지 않았다. 그래서 세이메이가 점을 쳐 「폐하는 전생에 고귀한 수행자였습니다만 사후 그 해골이 바위틈에 끼어 단단히 조여지고 있기 때문에 현생에도 머리가 아픈 것입니다」라고 말했다. 세이메이가 말한 곳에 사람을 보내 조사하게 하니 과연 바위틈에 해골이 끼어 있었다. 그 해골을 바깥으로 빼내어 넓은 곳에 안치하자 가잔 천황의 두통이 완전히 나았다고 한다(『고사담(古事談)』).

오오미네 산속에 있는 바위
(현재의 나라현 남부)

해골이 된 오노 고마치(小野小町)가 「눈구멍 속의 참억새가 가을바람에 흔들릴 때마다 아프다」고 읊은 설화 등, 해골이 되어도 고인이 몸의 아픔을 주장하는 전승은 많다

런 보일 리가 없는 것이 보였다고 하니 세이메이는 어렸을 때부터 음양사로서의 자질을 갖췄다고 할 수 있을 것이다.

음양사의 소문
3

교토의 육도진황사 앞은 저세상과 이세상의 경계인 「로쿠도노쓰지(六道の辻)」라 불리며 또 경내의 우물에는 그 우물을 통해 오노노 다카무라(小野篁)가 지옥에 다니며, 염라대왕을 도와 정무를 담당했다는 전설도 남아 있다.

후지와라노
미치나가를 저주한
범인을 찾아내다

아베노
세이메이와
식신

세이메이는 식신을 구사했다

세이메이가 던진 종이가
백로가 되어 로쿠조로
날아갔다

식신(式神, 간단히는 「식」이라 부르기도 한다)이란 음양사가 사역하는 일종의 귀신을 일컫는 말로 본래는 사람들 눈에 보이는 존재가 아니다. 많은 음양사가 식신을 부릴 수 있었다고 하나 아베노 세이메이는 타인의 식신마저 마음대로 부릴 수 있었다 하여 식신을 부리는 기술은 음양사 중에서도 제일이었음을 알 수 있다

풀이나 이파리도 식신이
깃드는 몸의 일종이다

식신으로 사람 대신
개구리를 죽였다

세이메이가 히로사와의 숭정을 찾아갔을 때 늘어앉은 귀족들과 젊은 승려들에게 「식신으로 사람을 죽일 수 있느냐」는 질문을 받았다. 세이메이가 「할 수 있다」고 답하자 승려들은 「해 보아라」고 재촉했다. 세이메이는 「그런 죄스러운 일은 할 수 없습니다」라고 거절하면서도 근처에 자라나 있던 풀을 뜯어 주문을 읊고 개울에 있었던 개구리에게 던졌다. 그러자 개구리는 납작하게 찌부러져 버렸다고 한다

식 신이란 음양사가 사역하는 귀신을 일컫는 말로 그에 관한 일화도 많다. 아베노 세이메이가 활약한 헤이안 중기, 후지와라씨의 전성기를 이루어낸 후지와라노 미치나가에게는 적도 많았다. 당시 호조지(法成寺)를 건립하던 미치나가는 아끼는 흰 개를 데리고 매일같이 절에 나갔는데 그날은 개가 옷소매를 물고 도저히 절의 경내로 들어가지 못하게 했다. 그래서 미치나가는 아베노 세이메이를 불러 점치게 했다. 불려온 세이메이는 「길에 저주의 토기가 묻혀 있습니다. 모른 채로 밟고 지나갔더라면 큰일이 일어났을 겁니다」라며 토기를 파내게 하고 품에서 종이를 꺼내 새의 형태로 접어 주문을 걸고 하늘에 던졌다. 그러자 종이는 바로 백로가 되어 로쿠조 방향으로 날아갔다. 백로가 종이가 되어 떨어진 곳에 살고 있었던 것이 도마(道摩) 법사라는 늙은 법사로 「호리카와의 좌대신, 후지와라노 아키미쓰(藤原顯光)의 요청으로 미치나가 님을 주살하려 했습니다」라고 자백했기 때문에 하리마로 유배되었다고 한다.

눈에 보이지 않는 식신이 일하는 세이메이의 저택

저택에서 천문을 보고 가간 천황이 양위하는 것을 알아낸 세이메이는 서둘러 궁중에 알리기 위해 식신을 보내려 했다. 그런데 식신이 세이메이의 저택 문을 열자 지나가던 가간 천황 일행의 뒷모습이 보였다. 그때 「방금 막 폐하가 문 앞을 지나가셨습니다」라는 식신의 목소리는 들렸으나 이웃사람은 그 모습을 볼 수 없었다고 한다. 세이메이의 저택에는 그의 사후에도 「눈에 보이지 않는 것」이 멋대로 덧문 창호를 여닫는 일이 있었다고 한다.

그림에서 식신은 소귀와 같은 코미컬한 모습으로 그려지는 경우가 많다. 세이메이의 잡무도 수행하는 식신은 초상현상의 일종이었을까? 사역되는 소귀의 모습에는 「포켓몬스터」 같은 귀여움도 느껴진다

아베노 세이메이가 사역한 십이신장은 십이천장이라고도 불렀으며 불교의 십이신장과는 전혀 다른 것이다. 성신이나 십이지에 대응하는 음양도의 독자적인 것으로 「육합, 청룡, 귀인, 천후, 대음, 대상, 등사, 주작, 구진, 현무, 백호, 천공」의 십이신을 가리킨다

이치조모도리바시

이치조모도리바시의 식신

수도의 이치조모도리바시는 이세상과 저세상을 잇는 곳으로 여겨져 기이한 에피소드가 많이 남겨져 있다. 아베노 세이메이가 식신인 십이신장을 숨겨 두었다는 이야기도 그중 하나다. 세이메이의 아내는 식신의 얼굴이 무서워 참을 수 없었기 때문에 세이메이에게 어떻게든 해달라고 호소했다. 그래서 세이메이는 모도리바시 아래에 식신을 숨기기로 했다고 한다. 희대의 천재 음양사도 아내에게는 지고 들어갔다는 것인가.

식신은 세이메이의 초상화 등에는 옆에 작은 이형의 모습으로 그려지는 경우가 많으나, 이 『우지슈이모노가타리』의 에피소드처럼 음양사에 의해 종이에서 만들어지는 경우도 있었다.

음양사의 소문
4

대궐의 귀문에 해당하는 니조 오오미야의 사거리는 「아와와노쓰지」라 불리며 백귀야행이 출몰하는 장소라서 수도 사람들이 두려워했다. 어렸을 적의 아베노 세이메이가 스승인 가모노 다다유키와 동행하여 백귀야행을 만난 곳도 이 「아와와노쓰지(あわわの辻)」였다고 한다.

아베노 세이메이가
영검을
재생시켰다?

영검 주조

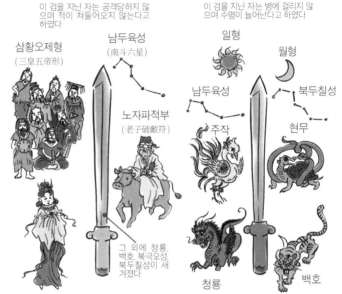

파적검(破敵劍)

이 검을 지닌 자는 공격당하지 않
으며 적이 쳐들어오지 않는다고
하였다

삼황오제형
(三皇五帝形)

남두육성
(南斗六星)

노자파적부
(老子破敵符)

그 외에 청룡,
백호, 북극오성,
북두칠성이 새
겨졌다

서왕모의 병인부(兵刃符)

수호검(守護劍)

이 검을 지닌 자는 병에 걸리지 않
으며 수명이 늘어난다고 하였다

일형

월형

남두육성

북두칠성

주작

현무

청룡

백호

「수호검(호신검)」과 「파적검」의 두 자루 영검에는 각각 「태양과 달」, 「남두육성과
북두칠성」, 「주작, 청룡, 현무, 백호의 사신」, 「삼황오제」 등의 문양 외에 「도교의
주부」나 「불상사를 깊이 피하며, 백복을 성취하고, 연령을 늘리고, 만세까지 이
를 것이다」는 의미의 명문 등이 새겨져 있었다. 고대에는 도검에 북두칠성 등의
별을 새기는 경우는 많았다. 영검에 별들의 모습을 새겨 그 힘을 빙의시키고자
하는 의미가 있었을 것이다.

덴 토쿠 4년(960) 헤이안쿄의 대궐에 화재가 일어나 백제에서 전래된 「수호검(호신검)」
과 「파적검」의 두 자루 영검을 포함한 44자루의 검이 불타 버렸다. 「수호검」은 천황
을 지키는 영검이며, 「파적검」은 천황 대신 적을 토벌하는 대장군에게 내려지는 절도※로,
모두 태워진 채로 둘 수는 없었다. 가마쿠라 시대에 쓰인 『진대(塵袋)』에 따르면 무라카미
(村上) 천황은 아베노 세이메이에게 명하여 타 버린 영검 대신 새롭게 영검을 만들게 했다
고 적혀 있다. 아베 가문에는 「대도계에 대하여(大刀契の事)」라는 문서도 남아 있으며 여기
에도 덴토쿠 4년에 타 버린 영검을 다음해인 오와 원년(961)에 세이메이가 아타고산의 진
고지에서 주조하게 하였다고 적혀 있다.

그러나 『진대』에는 가모노 야스노리(69p)가 영검을 신조할 때 오제제(26p)를 지냈다고
적혀 있으며 무라카미 천황의 일기에도 야스노리에게 명하여 영검을 주조시켰다고 적혀
있다. 덴토쿠 4년에 세이메이는 천문득업생에 불과했으며 야스노리는 천문박사였다. 상

츠보기리노고켄

다이고 천황이 황태자였을 때 후지와라노 모토쓰네(藤原基経)가 봉헌한 검을 아버지인 우다 천황에게서 받은 것으로 시작되었다고 한다

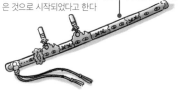

천황가에 대대로 전해지는 「삼종 신기」에 「쿠사나기노츠루기」가 포함되어 있듯이 예로부터 「검」에는 영력이 깃든다는 사고방식이 있었다

검을 만들 때의 제례를 하던 곳

가모노 야스노리가 주최하여 오제제를 지낸 아타고산은 예로부터 불의 신을 섬기는 산으로 알려져 있으며 전국에 900사가 넘는 아타고 신사의 총본산이 있는 곳이기도 하다. 검을 주조할 때는 불을 쓰기 때문에 불의 신이 진좌한 아타고산이 제례의 장소로 선정된 것이다. 지금도 교토의 가정에는 아타고 신사의 「화노요신(火迺要慎)」의 팻말이 걸려 있는데 한때는 수험도의 도장으로서도 번영하여 「이세에는 일곱 번, 쿠마노에는 세 번, 아타고 참배는 달마다」라고 할 정도로 신앙을 모았다.

화노요신의 부적

火迺要慎

가모노 야스노리와 아베노 세이메이가 영검 주조 제사를 지낸 곳은 같은 아타고산 계열의 진고지(神護寺) 경내였다는 이야기도 전해진다

천황가에 전해지는 영검

천황가에는 다양한 검이 전해 내려오고 있다. 삼종 신기 중의 「아마노무라쿠모노츠루기(天叢雲剣, 혹은 쿠사나기노츠루기(草薙剣))」도 그중 하나인데, 황태자에게 대대로 전승되는 「츠보기리노고켄(壺切御剣)」에는 재미있는 에피소드가 남아 있다. 병에 걸린 몬토쿠(文徳) 천황은 음양사에게 츠보기리노고켄을 내려 병을 물리치는 염술을 지내게 했다. 그러나 병은 호전되지 않아 천황은 타계했으며 이를 두려워한 음양사는 도망쳐 버렸다. 검이 없어지면 곤란하니 사람들은 음양사가 역술을 벌인 신천원을 찾아보았더니 무사히 찾아냈다고 한다(『우다 천황어기』).

여자가 귀신으로 변화해가는 과정을 나타내는 가면으로서 작은 뿔이 자라난 「나마나리」의 가면을 쓴다

카나와는 세 발이 달린 철제 고리로 화로나 난로 속에 두고 주전자 등을 올린다

『쓰루기노마키』를 기반으로 만들어진 『카나와』

『헤이케모노가타리(平家物語)』 속의 명검을 둘러싼 이야기 「쓰루기노마키(剣巻)」를 바탕으로 만들어진 노(能)인 「카나와(鉄輪)」는 자신을 버리고 다른 여자에게 간 남편을 원망한 전처가 머리에 카나와를 쓰고 귀신신사에 축시 참배를 하다가 진짜 귀신이 되어버리는 이야기다. 노에서는 남편에게 도와 달라는 의뢰를 받은 아베노 세이메이가 종이로 부부 인형을 만들어 선반에 두고 주술을 걸어 귀신이 된 여자로부터 남편의 목숨을 지켰다.

사를 제쳐 두고 득업생이 영검 신조의 책임자가 되었다고 생각하기는 어렵기 때문에 아마 주최자는 야스노리였고 세이메이는 그 밑에서 보조적인 역할을 맡았을 것이다. 아무래도 이는 이후 아베 가문의 자손이 세이메이를 주최자로 삼는 것을 통해 아베 가문의 권위를 높이고자 한 것이었던 듯하다.

음양사의 소문
5

음양생이 공부해야 할 필수 교과서로는 「주역(周易)」, 「신선음양서(新選陰陽書)」, 「황제금궤(黄帝金匱)」, 「오행대의(五行大義)」 등이 있었다. 그중에서도 음양오행에 대해 알기 쉽게 정리된 「오행대의」는 본 가인 중국에서는 일찍이 없어져 버려, 일본에만 남겨진 책이 되었다.

※견당사나 출정하는 장군에게 천황이 내리는 권위를 상징하는 검

아베노 세이메이의
특기였던 소생술

태산
부군제를
발명

도상을 읽어내다

도상(都状)이란 음양사가 봉독하는 신들에게 보내는 편지를 일컫는 말이다. 음양사가 도상을 읽어 내리고 각각의 신에게 기원하며 소향, 헌주, 예배 등의 의식을 치른다

『읍부동설화』에 등장하는 고승인 지코. 세이메이의 「태산부군제」 덕분에 목숨을 건졌다

필기도구를 준비했다

태산부군은 인간의 수명을 기록하는 「도적(都籍)」을 관리한다고 여겨졌다. 후지와라노 유키나리의 일기에는 태산부군제에는 「벼루」, 「묵」, 「붓」을 준비했다고 적혀 있으며 태산부군에게 도적에 적힌 수명을 바꿔 쓰도록 하기 위해 필기도구를 준비했다고 추측된다

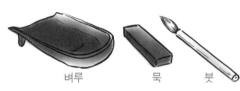

벼루   묵   붓

「태산부군제」는 천황이나 귀족 등의 개개인의 수명의 연명을 기원하는 제사다. 명부신 태산부군을 중심으로 한 도교계의 생사와 수명 등을 관장하는 열두 신들에게 기원하였다. 이 제사는 밤중에 의뢰자의 집의 정원이나 음양사의 집의 정원에서 지내는 경우가 많았다고 하며 후지와라노 다다사네(藤原忠実)의 「전력(殿暦)』에도 아베노 아스나가의 저택 정원에서 스스로 배례했다고 적혀 있다. 11세기경부터 시작된, 내용은 거의 같지만 소규모로 축소된 천조지부제가 있다(30p)

아베노 세이메이는 죽은 자를 되살리는 「태산부군제(太山府君祭)」가 특기였다고도 알려져 있다. 『곤자쿠모노가타리』에는 병이 무거워 임종한 고승을 위해 기도하는 세이메이가 「누군가가 대역이 되지 않으면 살릴 수 없다」고 하여 제자가 대역이 되고 세이메이가 동이 틀 때까지 태산부군제를 지냈다. 그 덕분에 고승은 차도를 보였고 대역인 제자도 동이 틀 때까지 괴로워했으나 죽지 않고 살아남았다는 이야기가 있다. 여기서 발전한 것이 미이데라(三井寺)에 관한 『읍부동설화(泣不動說話)』로, 이쪽은 죽을 뻔한 고승은 미이데라의 지코(智興)이며 대역을 자청한 자는 제자인 쇼쿠(証空)라고 되어 있다. 세이메이의 태산부군제가 진행되면서 지코는 건강을 되찾았으나 쇼쿠는 괴로워 몸부림치기 시작했다. 괴로움을 견딜 수 없게 된 쇼쿠가 평소 받들었던 그림 속의 부동존에게 절했더니 부동이 피눈물을 흘리며 「그대는 스승을 대신한다. 나는 그대를 대신하겠다」고 말했다. 그 순간 지코도 쇼쿠도 건강을 되찾았다는, 아베노 세이메이보다 부동존 덕분이라는 이야기가 적혀

태산은 중화인민공화국 산둥성 태안시에 있는 높이 1545m의 산. 중천문에서 남천문까지 이어지는 7천 단 정도의 긴 계단은 압권이나, 현재는 로프웨이를 이용할 수 있다.

태산과 태산부군의 신

세이메이가 연명을 기도한 태산부군은 중국의 오악 중 하나인 태산에 산다고 여겨지는 신이다. 오악이란 오행설에 근거한 중악 숭산, 북악 항산, 서악 화산, 남악 형산, 동악 태산의 다섯 영봉을 뜻한다. 그중에서도 태산은 역대 황제가 천지에 황제가 되었다고 보고하는 봉선의 의식을 치른 장소로 알려졌으며 그곳의 신인 태산부군은 인간의 수명을 관장한다고 여겨졌다. 그리스 신화의 명왕 하데스나 일본의 염라대왕과 같은 존재에 가까울지도 모른다.

토지신 임명권도 있는 태산부군

중국의 『수신기(搜神記)』에는 호모반(胡母班)이라는 남자가 태산에서 죽은 아버지의 영이 고역에 끌려가는 모습을 보고, 태산부군에게 빌어 고향의 토지신으로 삼도록 했다는 이야기도 있다. 그런데 토지신이 된 아버지는 손자들의 모습을 나날이 보다 보니 너무 귀여운 나머지 이들을 자신에게로 불러들여 버렸다. 아이들이 잇따라 죽어 버리는 것을 보고 호모반은 다시 태산부군에게 찾아가 토지신을 아버지에서 다른 영으로 교대해 달라고 청한다. 태산부군은 죽은 자를 되살리기만 할 뿐만 아니라 지방의 신에 대한 임명권도 지니고 있었다.

태산부군

중국에는 일본의 염라대왕에 해당하는 신이 다수 존재하며 태산부군 외에도 불교계의 「십대염왕(十大閻王)」이 있으며 삼국지로 유명한 관우도 「복마대제(伏魔大帝)」라 하여 명계의 신으로서 숭배되고 있다

있다.

다만 어느 쪽 에피소드든 세이메이가 대역이 되는 제자의 이름을 「도상(都狀, 신에게 쓰는 편지)」에 적고 대역이 될 것을 태산부군의 신에게 고했다는 점은 같다.

음양사의 소문

6

음양사에게는 달력에 길흉을 적는 「역주(曆注)」를 적는 업무도 있었다. 무로마치 시대가 되어 다양한 미신도 늘었기 때문에 가모노 야스노리가 적은 「역림」에 가모노 아키카타가 Q&A 형식으로 주석을 단 것이 「역림 문답집(曆林問答集)」이었다.

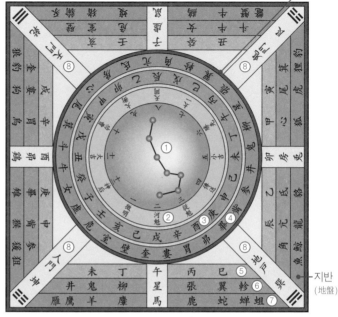

점에서 쓰인 육임식반

천반(天盤)

지반(地盤)

그림 참고: 육임식반(복원모형) 교토부 교토 문화
박물관 소장 원품 감수 고사카 신지

아베노 세이메이가
저술한 점술 입문서

점사략결

식반을 이용해 점을 치려면 우선 점을 의뢰받은
시간 등에서 「과식(課式)」을 만들어야 한다. 이것
은 점치는 날의 간지와 점치는 시간의 십이지에
서 산출된다. 그리고 점치는 날의 태양의 위치인
「월장(月將)」을 알아보고 그에 더해 사과, 삼과, 이
과, 일과의 십이지를 산출하여 천판과 지반에 맞
춘 뒤 점치는 일의 초전, 중전, 말전에 이르는 「삼
전(三傳)」을 산출한다

① 북두칠성　⑤ 팔간십이지
② 십이월장　⑥ 이십팔수
③ 십간십이지　⑦ 삼십육금
④ 이십팔수　⑧ 팔괘팔문

원형의 천반과 정사각형
의 지반을 결합한 반, 천
반을 회전시켜 지반에 적
힌 문자와의 관계성을 읽
어낸다

아 베노 세이메이는 『점사략결(占事略決)』이란 책을 자손을 위해 남겼는데 육임식의 점
　　을 치는 기본적인 36종류의 방법이 적힌 것이었다. 세이메이가 저술하였다고 전해
지는 음양도의 위서가 많은 가운데 이것만은 분명히 세이메이의 저작이라고 여겨진다. 육
임식은 원래 중국의 한나라 대에 만들어진 점술 방법으로 사각형의 지반 위에 원형의 천
반을 겹친 「육임식반(六任式盤)」이라는 기구를 사용하여 점을 친다. 일본의 음양사가 실제
로 사용한 식반은 남아 있지 않으나 중국에는 몇 가지인가 남아 있어서 어떠한 것이었는
지 알 수 있다.

　　점을 치기 위해서는 우선 점칠 일이 발생한 시간이나 의뢰를 받은 시간의 간지를 식반
위에 표시하고 그 뒤 순서대로 식반을 돌려 네 간지의 대응관계(사과)를 구해야 한다. 그중
에서 가장 중요한 「과(課)」부터 오행설에 따라 초전, 중전, 후전을 구한다. 이를 「사과삼전
을 세운다」고 한다. 그로부터 식반 위에 나타난 십이월장이나 십이천장의 성격을 비추어

점사략결로 할 수 있는 일

지금은 병원에서 검사를 받으면 태어나는 아이가 남자인지 여자인지 쉽게 알 수 있다. 하지만 세이메이가 활약한 헤이안 시대에는 오로지 점에 맡기는 수밖에 없었다. 특히 후지와라씨에게 있어 천황에게 시집을 보낸 딸이 남자아이를 낳는 것은 차기 천황의 자리에 앉히기 위한 필수 조건이었다. 그렇기 때문에 「점사략결」에는 태어나는 아기가 남자인지 여자인지를 점치는 방법도 적혀 있다. 그 외에도 출산 시기나 병의 원인, 수명이 언제까지인가 등, 당시 사람들의 관심사가 대부분 망라되어 있다.

섭관가에게 있어 자신의 집안에는 천황에게 시집보낸 여아가 태어나는 쪽이 바람직하며 입궐시킨 딸에게는 차기 천황 후보가 될 남자아이가 태어나는 것이 바람직했다

하나조노 천황, 『점사략결』을 배우다

하나조노(花園) 천황 (1297~1348)

역이나 음양도의 점을 배우는 것은 특수한 행위로 위험한 일이라고도 여겨졌으나 가마쿠라 시대의 하나조노 천황은 점에 대한 관심이 커, 상황이 된 뒤로(아무리 그래도 재위 기간 동안은 자중했나 보다) 열심히 음양도를 배웠으며 겐코(元亨) 4년(1324)의 일기에는 아베노 야스요(安倍泰世)에게 세이메이의 『점사략결』을 가져오도록 했다고 적혀 있다. 참고로 아베노 야스요는 세이메이의 직계 자손으로 일본에서 최고로 오래된 천체도라 여겨지는 「격자월진도(格子月進図)」의 사본을 남긴 인물이기도 하다.

하나조노 천황은 엔쿄(延慶) 원년(1308) 고니조 천황의 급사로 겨우 20세에 즉위, 학문과 와카의 길에 전념했으며 10년을 재위한 뒤 고다이고 천황에게 양위했다

보아 점의 결과를 산출한다. 이것을 추조(추지)라 하며 점에 있어 가장 중요한 작업이다. 「사과삼전(四課三傳)」을 올바르게 산출했다 하더라도 그에서 구체적인 결과를 이끌어내는 것은 쉬운 작업이 아니나 아베노 세이메이는 이것에 능했기 때문에 천재 음양사라 불렸다.

음양사의 소문

7

「다케토리모노가타리(竹取物語)」에서 가구야 공주(かぐや姫)에게 구혼하는 다섯 귀족들에게는 모델이 있다. 그중에서도 봉래의 옥의 가지를 요구받아 가짜 가지를 만들어왔으나 거짓이 들통 난 「구라모치 황자(くらもちの皇子)」의 모델은 후지와라노 후히토(藤原不比等)라고 한다.

우라시마 타로(浦島太郎)

용궁성에 간
아베노
세이메이

**보궤
내전
금오옥
토집**

용궁 처녀

아베노 세이메이

아이들에게 괴롭힘을 당하던 거북이를 도와 용궁에 간다는 우라시마 전설은 일본 각지에 있으며 내용도 조금씩 다르다. 교탄고에 전해지는 이야기는 혼자 배에 타고 낚시를 나간 우라시마가 오색 거북이를 낚자, 거북이가 아름다운 미녀로 변신하여 거북이 공주라고 주장하며 우라시마를 저승으로 이끈다. 3년을 보낸 뒤 옥수함을 받고 돌아갔더니 300년이 흘러 있어 외로워진 우라시마가 옥수함을 열자 바로 몸이 가루가 되어 하늘에 흩날렸다는 조금 잔혹한 내용이다

정식 명칭은 『삼국상전음양관할보궤내전금오옥토집(三國相傳陰陽管轄簠簋內傳金烏玉兎集, 이하 『보궤내전』)이라 하며 이것의 초본이 『보궤초(簠簋抄)』로, 에도 시대에 쓰인 가나조시 『아베노 세이메이 모노가타리』의 기반이 된 책이다. 아베노 세이메이의 이름을 빌려 쓰인 점술의 전문서나 말미의 「유래」에는 세이메이에 대한 다양한 에피소드가 쓰여 있다.

어느 날 어린 세이메이는 신사에서 아이들에게 괴롭힘을 당하는 흰 뱀을 구했다. 이 흰 뱀이 사실은 용궁 처녀의 화신이어서 세이메이는 용궁에 초대되었다. 딸을 구해주어서 감사하다며 용왕은 세이메이에게 어떤 병이든 다른 것에 옮길 수 있는 「용왕의 비부(竜王の秘符)」와 타인의 전생과 과거를 알고 동물의 목소리를 이해할 수 있게 되는 「청안(青眼)」을 선물했다. 인간의 세계로 돌아간 세이메이는 「청안」의 힘으로 신전의 귀문 방향에서 뱀과 개구리가 싸우고 있는 것이 천황의 병의 원인임을 알아낸다. 그래서 상경하여 그 일을 천황

태공망

태공망이 낚시를 하고 있는 장면을 무왕이 발견했다는 전설이 있다. 낚시를 좋아하는 사람을 태공망이라고 부르는 것은 그 때문이다

중국의 위인 태공망

이러한 책에는 흔히 있는 에피소드인데 『보궤내전』은 백도상인이 문수보살에게 받은 비술을 160권의 책으로 정리한 것이며 이것이 태공망(太公望, 주의 문왕과 무왕을 섬긴 이름은 여상, 강자아라고도 한다)에게서 범려(월왕 구천을 섬긴 명재상)에게 전해지고 그 뒤 동방삭(전한의 무제를 섬긴 정치가)에게 전해졌다고, 중국의 역대 유명인을 총동원해서 권위를 부여하고 있다.

요괴 다마모노마에

또 『보궤내전』에는 고노에 천황이 총애했던 다마모노마에(玉藻前)라는 절세미녀의 정체가 여우임을 세이메이가 밝혀낸다는 에피소드도 실려 있다. 이는 노 『살생석(殺生石)』과 같은 모티브이나 노에서는 아홉 꼬리의 여우의 화신인 미녀에게 홀린 것은 도바 천황으로, 그 정체를 간파한 것은 아베노 야스나리(安倍泰成, 아베노 야스치카의 아들)로 되어 있다.

정체는 금미구미의 여우. 정체가 드러난 뒤에는 도치기현 나스에 있는 용암, 『살생석』으로 변화한다. 온천 지역에서 발생하는 유화수소 등의 가스가 새와 곤충을 죽여서 그렇게 불리게 되었다

서명은 천지음양을 나타낸다

금까마귀 태양 속에 사는 세발 까마귀

옥토끼
달 속에 사는 토끼

보궤의 「보(簠)」는 사각형의 그릇을 뜻하며 「궤(簋)」는 원형의 그릇을 뜻한다. 사각형은 대지를 의미하며 원형은 하늘을 의미하기 때문에 둘이 합쳐진 옥기나 청동기인 「보궤(簠簋)」는 천지를 뜻하며 고대 중국에서는 제기로 쓰였다.

그리고 고대 중국에서 까마귀는 태양에 사는 새로 「양(陽)」을 뜻하며 토끼는 달에서 옥을 깨서 불로불사의 약을 만들고 있다고 여겨져 「음(陰)」을 뜻했다. 즉 빛나는 금까마귀와 옥토끼는 「음양」을 뜻하는 것이다.

에게 고하자, 과연 신전의 축인 방향의 기둥 아래에서 뱀과 개구리가 나왔다. 이것을 꺼내자 천황의 병이 거짓말처럼 나았으며 세이메이는 천황에게 관위를 받았다고 한다. 마치 「우라시마 타로」를 빼닮은 이야기이나 노인이 되지 않고 출세했다는 점이 크게 다르다.

헤이안 여류 문학과 음양사

아베노 세이메이가 음양도의 달인으로서 궁중에서 이름을 알리게 된 헤이안 중기는 이치조 천황의 황후였던 후지와라노 데이시(藤原定子)와 후지와라노 쇼시(藤原彰子)가 재주가 넘치는 궁녀들을 모아 화려한 후궁 살롱을 형성하여 서로 경쟁한 시기이기도 했다. 여기에서 데이시를 섬기던 세이 쇼나곤(清少納言)이 『마쿠라노소시(枕草子)』를 쓰고, 쇼시를 섬기던 무라사키 시키부(紫式部)가 『겐지모노가타리(源氏物語)』를 쓰는 등 현대까지 남은 유명한 여류 문학 작품이 탄생했다.

세이 쇼나곤이나 무라사키 시키부와 아베노 세이메이의 연관성을 보여주는 자료는 남아 있지 않으나 세이 쇼나곤은 『마쿠라노소시』에서 스승 음양사가 하라에 등을 할 때 곁에 자리를 잡아 지시를 받기도 전에 술이나 물을 준비하는 영리한 제자 소년의 모습에 감복하여 「자신도 이런 영리한 소년 하인이 있었으면 좋겠다」는 이야기를 적는다거나, 법사 음양사를 「보기 흉한 것」이라 적었던 것 등을 보면 음양사가 가까운 존재였음을 잘 알 수 있다.

한편 무라사키 시키부가 쇼시를 섬기던 때는 간콘 2년(1005)경으로 여겨지며 이 해는 아베노 세이메이가 타계한 해이기도 하기 때문에 궁중에서 직접 얼굴을 마주쳤을 가능성은 낮을 것이다. 그러나 『겐지모노가타리』의 주인공 히카루 겐지는 후지와라노 미치나가가 모델이라고도 하며 무라사키 시키부는 미치나가와 연인 관계였던 시기가 있다고도 여겨지기 때문에 아베노 세이메이와 관계가 깊었던 미치나가에게서 세이메이에 대한 이야기를 들었을 수도 있다.

음양사

소년

세이 쇼나곤

음양사계의
스타들

아베노 세이메이뿐만이 아니다. 일본에는 수많은 음
양사들이 있다. 수험도의 시조 엔노 오즈누, 당에서 배
운 음양도의 달인 기비노 마키비, 아베노 세이메이의
라이벌이자 안티 히어로 아시야 도만, 세이메이의 스
승인 가모노 야스노리 등. 매력적인 그들의 존재가 일
본을 이면에서 움직이고 있었다.

수험도의 행자, 수험자의 이상상

전귀·후귀를 사역한 수험도의 시조

엔노 오즈누
(생몰년 미상)

엔노 오즈누(役小角)

엔노 교자(役行者)라고도 한다. 조메이(舒明) 천황 6년(634)에 야마토국 남쪽 가쓰라기 지하라에서 태어났다고도 되어 있다. 어린 시절에 범자를 쓰고 17살에 간고지(元興寺)에서 수학했으며 가쓰라기산에서 산림수행을 하였다. 구마노나 오오미네산 등지에서 수행을 계속하였으나 어느 날 용수보살에게서 심오한 법을 전수 받아 깨달음을 얻었다고 한다.

석장

금강저

궤

전귀

남귀. 후귀의 남편. 엔노 오즈누의 앞을 걸으며 손에 쥔 도끼로 길을 낸다

도끼

물병

후귀

여귀. 전귀의 아내. 물병을 들고 궤를 지고 있다

어느 날 오즈누는 가쓰라기산의 험한 계곡에 다리를 놓으려 히토코토누시노카미(一言主神, 나라현의 가쓰라기산에 사는 신, 악행도 한마디, 선행도 한마디로 결정하는 힘을 지녔다고 한다)를 비롯한 귀신들을 모아 공사를 시켰는데 그들은 자신들의 모습이 추하다는 이유로 밤에만 일했다. 이를 오즈누가 꾸짖었으나 그 뒤에도 히토코토누시노카미가 귀신들과 손을 잡고 게으름을 피우고 있었던 것이 알려졌다. 화가 난 오즈누는 히토코토누시노카미를 등나무 덩굴로 묶고 계곡 밑바닥에 던져 버린다. 히토코토누시노카미는 원한이 쌓여 그 혼을 가모 신사의 신관에게 씌우도록 했다. 신관은 큰 소리로 엔노 오즈누가 죄인이라 외쳤고 결국 오즈누는 이즈로 유배되어버렸다는 전설이 있다

엔노 오즈누는 수험도의 시조로 여겨지며 전귀, 후귀라 불리는 귀신을 사역했다고 한다. 『속일본기(続日本紀)』에 따르면 오즈누는 가쓰라기산에 살며 「주로 귀신을 사역하고 물을 뜨거나 땔나무를 모으게 했다. 귀신이 시키는 대로 하지 않을 경우에는 주문으로 움직이지 못하게 했다」고 적혀 있으며 제자인 가라쿠니노 무라지히로타리(韓国連広足)가 그 재능을 질투하여 「수상한 술법으로 사람들을 현혹시키고 있다」고 비방했기 때문에 몬무(文武) 천황 3년(699) 5월 24일에 이즈로 유배되었다고 한다.

오즈누가 살았던 가쓰라기산은 쓰치구모(土蜘蛛)※라 불리는 「모시지 않는 백성」이 살고 있으며 진무 천황의 통일에 반항했기 때문에 천황이 덩굴 올가미로 묶어 죽이고, 그 이후 덩굴의 성이라는 뜻의 가쓰라기라 불리게 되었다고 하는 전설의 땅이다. 이 땅에 살았던 가쓰라기씨와 가모씨도 본래는 야마토 조정에 반항하였으나 끝내는 조정을 지지하는 대씨족으로 변모했다. 오즈누는 이 가모씨에서 파생한 일족의 인간이어서 훗날 아베노 세이

수험십육도구

어깨함(肩箱)
토킨(頭襟)
반개(班蓋)
나각(法螺)
궤(笈)
이라타카넨쥬(最多角念珠)
유이게사(結袈裟)
쥘부채
스즈카케(鈴懸)
금강장(金剛杖)
각반(脚絆)
석장(錫杖)
여덟눈 짚신(八目の草履)

시바우치(柴打) 칼. 부동명왕의 지검을 의미한다

하시리나와(走繩) 부동명왕의 검색을 의미하는 밧줄

힛시키(引敷)

야마부시의 장비 일식

현재 수험도를 행하고 있는 야마부시(山伏)에게는「수험십육도구(修験十六道具)」라 불리는 독특한 장비가 있다. 이는 토킨, 스즈카케, 유이게사, 이라타카넨쥬, 나각, 반개, 석장, 궤, 어깨함, 금강장, 힛시키, 각반, 여덟눈 짚신, 쥘부채, 시바우치, 하시리나와로, 이에 하키센을 더하기도 한다.

야마부시의 옷인 스즈카케는 우의가 없던 시대에 비에 젖어도 잘 젖지 않도록, 또 산을 오르며 몸이 추워지지 않도록 만들어진 기능성이 높은 것이다

야마부시의 수행

야마부시의 수행에는 단식, 금수, 폭포 수행 등, 다양한 종류가 있다. 대부분 속세에서 떨어진 산 속에서 이루어지는 것으로 자연과 하나가 되어 그 에너지를 몸속에 받아들인다는 발상에서 유래했다. 특히 엔노 오즈누가 수행한 오오미네산에서의 고행이 유명한데 몸에 밧줄을 묶거나, 선배가 양발을 들게 한 상태로 깎아지른 절벽으로 상반신을 내미는 「서쪽 엿보기(西の覗き)」는 죽음을 유사 체험하는 것을 통해 다시 태어난다는 의미를 지닌다.

오오미네산에서는 지금도 「서쪽 엿보기」를 체험할 수 있다. 수행한 뒤에는 「감사합니다 서쪽 엿보기로 참회해서 미타의 정토에 들어가 기쁘도다」라고 외운다

오오미네산 산맥이란 나라현 남부에 줄지어 선 산맥. 수험자들이 입산하여 수행하는 영지이다. 일부는 현재도 여자를 금한다

메이의 스승이 되는 가모노 다다유키와는 먼 조상이 같은 일족이라고 볼 수 있다.

수험도는 헤이안 시대 말기에 성립하여 가마쿠라~무로마치 시대에 확립된 것으로 헤이안 시대 이전에는 엔노 오즈누도 요사한 술법을 구사하는 음양사와 동류로 인식되었던 듯하다.

동시대의 위인
소가노 이루카(蘇我入鹿, ?~645)

소가씨의 전성기를 이룬 소가노 우마코(蘇我馬子)의 손자이며 소가노 에미시(蘇我蝦夷)의 아들. 우마야도 왕자(厩戸皇子, 쇼토쿠 태자(聖德太子))의 아들인 야마시로노 오에 왕(山背大兄王)을 자결로 몰아넣는 등의 횡포를 저질러 645년 7월 10일, 오오에 왕자와 나카토미노 가타마리(中臣鎌足)의 「을사의 변(乙巳の変)」 때 살해당했다.

그의 지혜는 후세까지 전해 내려졌다

기비노 마키비(吉備真備)

나라 시대의 정치가이자 학자. 음양력도, 천문누각, 악기와 음악서를 당에서 가지고 돌아왔다. 음양도란 무엇인가를 일본에 알린 인물이라고 한다. 헤이안 시대에는 이미 법사음양사들에게 「신」과 같은 존재로 대우받았다. 가모씨의 선조라고도 한다

당에서 수학한
음양도의 달인

기비노
마키비
(695~775)

당에 있었던
시기는 717년
부터 735년

당나라에서 오니가 된
아베노 나카마로

12세기 초의 설화집 『고단쇼(江談抄)』 3권 「기비입당간사(吉備入唐間事)」에는 이런 전설이 남아 있다. 견당사로서 당으로 건너간 마키비는 무슨 일이든 너무나도 우수하여 당나라 사람들이 질투하였다. 그래서 「오니가 산다」는 누각에 감금돼 버린다. 밤에 오니가 튀어나와 자신은 일본국의 견당사로 아베(아베노 나카마로)라는 일본인이라고 주장한다. 기비노 마키비는 죽어서 오니가 된 원통함을 생각하여 아베노 나카마로의 자손인 아베 가문에 대해서 자세하게 이야기해 준다. 이에 감사하여 오니는 기비노 미키비를 원조하여 지혜를 내려 주었다

견 당사로서 아베노 나카마로, 겐보(玄昉)와 함께 당에서 수학한 기비노 마키비는 18년에 걸친 학업을 마치고 덴표(天平) 7년(735)에 귀국하였다. 쇼무(聖武) 천황 아래에서 이례적인 출세를 거두고 최종적으로는 좌대신의 자리까지 오른 인물이다.

헤이안 시대 후기의 역사서인 『부상략기(扶桑略記)』나 담화집 『고단쇼(江談抄)』에 따르면 기비노 마키비는 「삼사오경(三史五經)」, 명형산술(名刑算術), 음양력도(陰陽曆道), 천문누각(天文漏刻), 한음서도(漢音書道), 비술잡점(秘術雜占)」에 정통하였으며 비술로 태양이나 달을 숨길 수도 있는 음양도의 달인으로 여겨졌다.

물론 실제의 마키비도 폭넓은 학문에 정통한 재능 넘치는 천재이기는 하였으나 본인이 자손에게 남긴 교훈서인 『사교유취(私教類聚)』에 따르면 오행설이나 역서의 길흉, 방향신의 소재 등 음양도의 기본이라 할 수 있는 「서점(筮占, 점을 일컫는 말)을 알아야 한다」고 적은 한편 「음양을 이해하는 자는 오니가 샘을 낸다」며 깊이 들어가면 평안한 생활을 보내지 못하

남의 꿈을 훔친 기비노 마키비

젊었을 때의 기비노 마키비는 출세 따위는 도저히 꿈꿀 수 없을 만큼 신분이 낮은 남자였다. 어느 날 꿈을 점치는 여자에게 갔더니 그곳에 호화로운 옷을 입은 국사인 어조사가 찾아와 꿈에 대해 이야기했다. 그것은 대신이 될 수 있다는 꿈이었는데 어조사가 돌아간 뒤 마키비는 점술사에게 돈을 주고 꿈을 빼앗을 수 없겠냐고 상담했다. 점술사가 시키는 대로 어조사의 꿈을 자신이 꾼 꿈처럼 이야기한 마키비는 이윽고 정말로 대신이 되었다고 한다(『우지슈이모노가타리』).

어조사가 본 대신이 되는 꿈

꿈 점술사

기비노 마키비

후지와라노 히로쓰구
(藤原広嗣, ?~740)

다자이후에서 거병하였으나 진압되어 비젠국의 지카노시마로 도망가나 참살당했다. 『만요슈(万葉集)』에 다음의 시를 남겼다. 「이 예쁜 꽃의 하나의 가지 속엔 셀 수도 없는 말이 들어 있으니 소홀히 생각 마오(この花の一枝のうちに百種の言そ隠れるおほろかにすな)」(의미: 이 한 떨기 꽃 속에/당신을 향한 말이 수없이 담겨 있습니다/부디 함부로 하지 말아주십시오)

조정 측의 에소 토벌로 이름을 떨친 무인 오노노 아즈마히토(大野東人)의 경로

후지와라노 히로쓰구의 경로

이타비쓰 강의 싸움
히로쓰구군과 조정군이 싸웠다

다자이후 →

히로쓰구의 동생
쓰나데(綱手)의 군

히로쓰구의 측근
다코노 고마로(多胡古麻呂)의 군

음양도의 술법으로 악령을 진압하다

당에서 돌아온 기비노 마키비와 겐보는 좌대신인 다치바나노 모로에(橘諸兄)에게 발탁되어 그의 브레인이 되었으나 이를 좋게 보지 않았던 후지와라노 히로쓰구는 좌천한 다자이후에서 둘을 제외하도록 상소문을 보냈다. 그 회답을 받기 전에 히로쓰구는 모반을 일으켰으나 패하여 참수당해버렸다. 이에 원한을 품었는지 『곤자쿠모노가타리(今昔物語)』에는 악령이 된 히로쓰구가 겐보에 빙의하여 죽였는데 이를 마키비가 음양도의 술법으로 진압하였다고 한다.

고 반드시 재액을 만난다고 경고하고 있다. 물론 마키비 본인은 음양도 관련 학문에도 정통하였으며 그 유용성도 강하게 인정하였다. 그러나 유생[1]의 입장에서 「괴력난신을 논하지 말라[2]」고 한 공자를 따라 자손에게 이러한 말을 남긴 것이리라.

동시대의 위인

도쿄(道鏡, ?~772)

여제인 고켄(孝謙) 천황(훗날의 쇼토쿠(称徳) 천황)의 병을 고친 일로 총애를 받아 출세한 승려. 우사하치 만신(宇佐八幡神)의 「도쿄를 천황으로 삼아야 한다」는 신탁이 있었다고 하나 와케노 기요마로(和気清麻呂)가 파견되어 거짓 신탁이었음이 발각. 쇼토쿠 천황 사후 시모쓰케로 유배되었다.

※1 공자로부터 시작하여 중국의 전통적인 학문, 유학을 배우고 가르치는 학자.
※2 「괴」는 기괴한 것, 「력」은 초인적인 것, 「난」은 질서를 어지럽히는 것, 「신」은 귀신을 뜻한다. 군자는 괴상한 것, 불확실한 것을 입에 담지 않는 것이 좋다는 뜻이다.

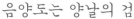

음양도는 양날의 검

나라 시대 말부터
헤이안 시대 초기의
음양사들

오쓰노 오우라
(?~775)

와케오(和気王, ?~765)

도네리 친왕(舍人親王)의 손자. 오우라와 함께 후지와라노 나카마로의 모반을 밀고한 공으로 종삼위가 되었다. 그러나 와케오 자신의 모반 계획이 발각되어 교살되었다.

오쓰노 오우라
(大津大浦)

나라 시대의 우수한 음양사였으나 당시의 주군에 따라 운명이 좌우되었다. 와케오와는 무척 친한 사이였다. 죄를 용서받아 수도에 들어간 뒤로는 음양두가 되었다.

후지와라노 나카마로(藤原仲麻呂)
(에미노 오시카츠(恵美押勝, 706~764))

준닌(淳□) 천황을 옹립하고 괴뢰로 삼았다. 괴승 도쿄를 총애하는 고켄 상황 측과 사이가 좋지 않아 반란을 일으키나 참살당했다. 이때 나카마로의 토벌군에서 지휘를 도맡았던 것이 음양사 기비노 마키비(56p)였다.

친구 사이

중용함

좌천시킴

반란을 계획

나카마로의 반란을 밀고

반란을 일으킴

조정

나라 시대에 활약한 음양사인 오쓰노 오우라는 승려로서 신라에 유학한 뒤 환속하여 음양사가 된 오쓰노 오비토(大津意毘登)를 조상으로 삼는, 대대로 음양도의 기술을 이어받은 가문이다. 후지와라노 후히토의 자손에 해당하는 후지와라노 나카마로(에미노 오시카츠)의 신뢰를 얻어 중용되었다. 그러나 나카마로에게 의뢰를 받은 점의 내용에서 모반할 의사가 있음을 깨달은 오우라는 말려들어서는 큰일이라 생각하여 조정에 밀고하였다. 덴표호지(天平宝字) 8년(764), 밀고의 내용대로 나카마로는 모반을 일으켰으며 오우라는 이 공으로 무라지성에서 스쿠네성을 하사받아 종사위 상병부대보 겸 미마사카노카미(美作守)가 되었다.

그러나 기뻐한 것도 잠시, 친하게 지내던 와케오가 반란을 계획한 탓에 진고케이운(神護景雲) 원년(767)에 스쿠네성을 박탈당하고 휴가노카미(日向守)로 좌천되어버렸다. 그러나 훗날 용서받아 수도로 돌아왔다. 음양사는 그 점의 능력 때문에 당시의 권력자에게 중용

오키(시마네)로 유배된 야마노우에노 후나누시

도고
(島後)

오키(隱岐) 제도

도젠
(島前)

헤이안 시대에는 귀인에 대한 사형이 폐지되었기 때문에 유배형이 가장 무거운 형벌이었다. 유형지에 연자나 지원자가 있느냐 없느냐에 따라 유형지의 생활이 크게 달라졌다

야마노우에노 후나누시
(생몰년 미상)

야마노우에노 후나누시(山上船主)는 『만요슈』에 수많은 와카를 남긴 가인인 야마노우에노 오쿠라(山上憶良)의 아들이라고도 일컬어지는 인물로 나라 시대 말기부터 헤이안 시대 초기에 걸쳐 활약한 음양사다. 음양조에서 음양두까지 오르고 천문박사도 겸임했을 정도였으나 덴오(天応) 2년(782)의 히카미노 가와쓰구(氷上川継)의 반란 미수 사건에 가담했다는 죄목으로 좌천되었으며, 그에 더해 간무 천황을 저주한 죄로 오키로 유배되었다.

유게노 고레오
(생몰년 미상)

유게노 고레오
(弓削是雄)

집의 축인(동북) 방향을 향해 활시위를 겨눈다

시게오카노 가와히토와 쌍벽을 이루는 헤이안 시대 전기의 유명한 음양사. 『곤자쿠모노가타리』에는 유게노 고레오가 아즈마국에서 수도로 돌아오는 길에 한 남자의 꿈을 보고 점쳐 「집으로 돌아가면 죽는다」고 가르쳐 주었으나 남자가 꼭 집에 돌아가고 싶다고 하여 「집의 축인 방향에 활시위를 겨누어 정체를 드러내라고 하면 죽이려하는 자를 저절로 알게 될 것이다」라고 가르쳐 주었다. 시키는 대로 한 남자가 집을 비운 동안 아내와 정통하여 자신을 죽이려한 법사를 붙잡았다는 이야기가 실려 있다.

음양료에서 동중서(82p)의 「천인상관설(天人相關說)」을 전거로 삼은 제사·주법을 아뢰는 등의 일을 하였다. 사람을 도운 일화가 그 외에도 남아 있다

되는 반면 가깝게 지낸 권력자가 실각되면 말려들어 죄를 뒤집어쓰는 케이스도 많았다.

기비노 마키비가 「음양도를 깊이 알지 말라」고 자손에게 충고했듯 음양사는 언제나 권력자의 사욕에 이용되며 자기 신세를 망칠 위험성을 품고 있었다.

동시대의 위인
구카이(空海, 774~835)

엔랴쿠(延曆) 23년(804) 사이초(最澄)와 다치바나노 하야나리(橘逸勢) 등과 함께 견당사로서 당으로 건너가 밀교를 배웠으며 20년의 유학기간을 2년 만에 끝내고 귀국하여 진언종의 개조가 된다. 고야산에 도장을 열고 도읍에 도우지(東寺)를 세웠으며 진언밀교를 널리 퍼뜨렸다. 유명한 「홍법대사(弘法大師)」는 다이고 천왕이 내린 시호였다.

유학자임에도 음양도를 굳게 믿다

하루스미노 요시타다(春澄善繩, 797~870)

이세 국(伊勢) 이나베군 출신의 학자. 덴초 10년(833) 닌묘(仁明) 천황 아래에서 동궁학사로 발탁되었으나 조와의 변(承和の變, 842년)에 황태자 폐위의 영향으로 쥬방권수로 좌천되어버린다. 그러나 다음해인 조와 10년에 문장박사로서 중앙으로 복귀를 이루었다. 사이코 2년(855) 『속일본후기(續日本後紀)』 편찬의 책명을 받는다. 조간(貞觀) 11년(869)에 완성한 속일본후기를 헌상했다

산가지를 이용하여 점을 치는 하루스미노 요시타다

산가지
(41p)

사기 상황의 딸을 아내로 맞이한 후지와라노 요시후사(藤原良房)에게 「점을 믿지 않을 수는 없다」고 답신했다

유교와 음양도의 대립

음양도를
믿은
유학자들

하루스미노 요시타다는 문장박사와 식부대보를 역임한 유생이다. 그러나 음양도의 점이나 술수를 굳게 믿었으며 길흉이나 금기에 고집한 나머지 한 달 중 열흘이 넘도록 모노이미를 하여 집에 틀어박히는 인물이었다. 헤이안 초기, 원래 재해나 괴이는 정치의 책임이라고 생각해야만 하는 유학자이면서도 문제 해결을 음양도적인 기도나 제사에 전부 맡겼다

스가와라노 고레요시(菅原是善, 812~880)

헤이안 전기의 학자. 기요토모(清公)의 아들이자 미치자네(道真)의 아버지. 조와 2년(835) 문장득업생이 되었으며 조와 12년(845)에 문장박사로 임명되었다. 『일본몬토쿠천황실록(日本文德天皇實錄)』을 편찬한 한 사람. 20권의 동궁절운(東宮切韻), 10권의 은방륜율(銀牓輪律), 10권의 집운율시(集韻律詩), 70권의 회분유취(會分類聚) 등을 직접 편집했다. 그에 더해 10권의 가집을 남겼다

간 무(桓武) 천황의 일곱 번째 아들로 형인 사가(嵯峨) 천황에게 양위를 받아 즉위한 준닌 천황은 「산릉을 만들고 유해를 남기면 귀물이 씌어 원령이 될 위험이 있다. 그러니 묘는 만들지 않고 뼈를 부숴 산에 뿌려라」는 유언을 남기고, 그 뒤 사망한 사가 상황도 「점을 믿지 말지어다」, 「속된 일에 매달리지 말지어다」라며 박장(간략화한 장례)을 치르라는 유언을 남겼다. 헤이안 초기인 이 시대, 온갖 재액은 신이나 원령의 징벌이라는 생각이 주류가 되어가고 있었다. 그러나 중국의 유교적인 발상에서 보자면 이러한 재이는 시정자의 실정을 벌하는 것이었으며 유교적인 정치의 방식을 이상으로 여기는 준닌 천황과 사가 천황은 이러한 풍조에 대항하기 위해 「원령이나 신벌 따위는 신경 쓸 것이 아니다」라는 유언을 남긴 것이다.

그러나 준닌 상황의 산골(散骨)*은 이루어졌으나 사가 상황의 「점을 믿지 말지어다」는 지켜지지 않았다. 후지와라노 요시후사(100p)의 자문을 받은 문장박사인 하루스미노 요시타

*산골: 유골을 화장하여 그대로 묻거나 산, 강, 바다 따위에 뿌리는 일(역주)

신유혁명에 따른 개원

천문을 보는 미요시 기요유키

미요시 기요유키(三善清行, 847~918)

불합격당한 뒤로 스가와라노 미치자네와 입장, 의견이 달라지는 일이 많았다. 우대신인 미치자네가 좌대신인 후지와라노 도키히라와 대립했을 때는 은퇴를 권고했다. 유학을 기반으로 한 천문, 역법과 점을 치는 기술에 능했다

미요시 기요유키는 하루스미노 요시타다처럼 문장박사면서도 음양도의 술수에 깊은 흥미를 품었다. 그 때문에 국가의 최고 시험인 「방략식」을 치렀을 때 시험관인 정통 유학자였던 스가와라노 미치자네에게 불합격 통보를 받았다. 그 뒤 재시험으로 급제한 기요유키는 쇼타이 4년(901)이 참위설※에 따른 「신유혁명(신유에는 왕조가 변한다)」의 해가 되기 때문에 개원해야 한다고 주장했는데 이것이 받아들여져 엔기로 개원했다. 이 이후 신유년에는 개원이 이뤄지게 되었다.

※고대 중국에서 발생한 예언설. 참은 미래예언, 위는 유교 경전의 해석을 일컫는다. 일본에는 스이코조 이전에 전해졌다고 한다

음양사관료의 증가

음양료의 관료인 음양사는 원래는 정해진 숫자만 존재했으며, 특별히 다자이후에 한 명만 배치될 뿐이었다. 그러나 재앙이 신과 원령의 징벌이라고 조정이 공식으로 인정한 뒤 괴이는 많은데 길흉을 점칠 사람이 없다고 데와 국에서 요청이 있었기 때문에 음양사 한 명이 배치되게 되었으며, 그 뒤에도 무사시 국, 시모우사 국, 무츠 진수부, 히타치 국으로 잇따라 관료 음양사가 배치되게 되었다.

데와 국(出羽国)
야마가타현과 아키타현의 대부분

무사시 국(武蔵国)
도쿄도, 가나가와현 가와사키시·요코하마시의 일부, 사이타마현 대부분

무츠 국(陸奥国)
후쿠시마현, 미야기현, 이와테현, 아오모리현, 아키타현의 일부

히타치 국(常陸国)
이바라키현

시모우사 국(下総国)
치바현 북부와 이바라키현 일부

다와 대내기인 스가와라노 고레요시 두 사람이 「점을 믿지 않을 수는 없으며, 상황의 명령이라 하더라도 고칠 수는 있다」라고 답신했기 때문이다.

음양도의 점과 국정은 이로부터 천년 이상에 걸쳐 떼려야 뗄 수 없는 깊은 관계를 맺어 간다.

동시대의 위인
오노노 다카무라
(小野篁, 802~852)

견당부사로서 당으로 건너가야 했으나 병을 이유로 거절. 그 원한을 한시에 담아 풍자한 탓에 사가 천황의 격노를 사 오키로 유배되었다. 훗날 용서받아 참의가 된다. 한시의 재주는 귀하게 여겨졌으나 제멋대로인 성격 탓에 「야광(野狂)」이라고도 불렸다.

어떤 때는 승려,
또 어떤 때는
음양사

법사
음양사

다수파는 그들이었다

음양료에 소속된 관료음양사가 아닌, 속히 말해 「비정규」 음양사. 헤이안쿄에서 지내는 데 있어 그들은 보기 드문 존재가 아니었다. 관료음양사의 정원이 이십 몇 명 정도임을 고려하면 100명을 넘는 법사음양사가 있지 않았을까. 법사는 아니지만 민간에서 주로 주술을 전문으로 삼는 「가쿠레 음양사」도 헤이안 시대에 다수 활약했다. 귀족들까지 「비정규」 음양사에게 라이벌의 주살을 의뢰했던 기록이 『우지슈이모노가타리(宇治拾遺物語)』와 『곤자쿠모노가타리슈(今昔物語集)』에 남아 있다. 그들은 마음에 두려움과 어둠을 품은 사람들의 편이었다.

가미카부리(紙冠)

사도승의 차림을
한 법사음양사

헤이안 시대에는 국가의 허가를 받지 않으면 승려가 될 수 없었다. 승려가 된 자는 세금을 면제받는 대신 국가를 위해 종사했다. 국가의 허가를 받지 않고 승려가 되는 것은 위법이었다. 국가의 허가를 받지 않고 출가하는 것을 「사도(私度)」라 하며 사도를 통해 승려가 된 자를 「사도승(私度僧)」이라고 한다. 사도승 중에는 납세의 의무에서 벗어나기 위해 승려가 된 자가 많았으며 음양사의 기술로 생계를 꾸리는 자들도 있었다. 그들이 법사음양사다

위의 캡션은 시게타 신이치(繁田信一→) 『음양사—아베노 세이메이와 아시야 도만』(중앙공론신사, 2006년)을 참조로 작성

원래 율령사회에서의 음양사란 음양료에 속한 관료였다. 그러나 헤이안 중기가 되어 율령제도는 붕괴하고 또 세상의 음양사에 대한 수요가 급격하게 늘어나 관인 음양사만으로는 모든 수요에 대응할 수 없게 되었다. 그래서 「법사음양사(法師陰陽師)」라는 새로운 음양사가 생겨나기 시작했다. 이는 평소에는 승려의 차림을 하고 있으면서 음양사 대신 점이나 하라에도 맡는 자를 일컬으며 『백련초(百錬抄)』나 『소기목록(小記目錄)』 등에도 법사음양사를 고용하여 저주를 거는 공가들의 기록이 빈번하게 나오게 된다.

그러나 세이 쇼나곤의 『마쿠라노소시(枕草子)』에 「보기 흉한 것」으로 「법사음양사가 가미카부리를 쓰고 하라에를 하는 모습」이 나온다거나 무라사키 시키부의 『무라사키 시키부집(紫式部集)』에 3월 상시 날 강변에 하라에에 나섰을 때 승려가 가미카부리를 쓰고 음양박사 흉내를 내는 모습을 보고 「하라에도 앞의 사신의 신전에 장식한 신장대며, 불쾌하도록 비슷하게 귀에 끼운 가미카부리구나」라며 비난하는 와카가 적혀 있는 등, 세상의 수요에

음양사 집안 출신이 법사음양사를 보고 울다

가모노 야스노리의 동생인 요시시게노 야스타네는 가업인 음양사를 버리고 불교의 길을 걸어 정토 신앙에 기반을 둔 『일본왕생극락기(日本往生極楽記)』를 쓴 것으로도 알려졌다. 이 야스타네가 어느 날 가미카부리를 쓰고 하라에를 하는 승려를 보고 「왜 그런 일을 하느냐」고 물어 보았더니 「살아가기 위해서는 어쩔 수 없습니다」라는 대답이 돌아왔다. 야스타네는 「기껏 부처의 제자가 되었으면서 그것을 버리는 짓을 해서는 안 된다」고 울면서 충고하고는 모아 둔 기부금을 모두 승려에게 주었다고 한다. (『우지슈이모노가타리』)

가미카부리

요시시게노 야스타네(慶滋保胤, ?~1002)

헤이안 시대의 문인. 한시문에 재능이 있었다. 히에이산의 학승, 대학료의 학생들과 함께 「권학회」라는 법회를 연다. 문학과 불교의 길의 융합을 목표로 하였다

음양사의 일파, 창문사

중세가 되면 「산소(散所)」, 「횡행(横行)」 등이라 불렸던 귀족 밑이나 절, 신사에 속한 잡역부들도 음양사 흉내를 내게 되는데 그것이 이윽고 민간음양사의 일종인 「창문사(唱聞師)」가 되어 간다. 「창문사」란 경을 읽거나 점이나 하라에를 하거나 천추만세를 하거나 사루가쿠를 추는 등, 주술성을 지닌 예능을 하는 일종의 예인을 일컫는 말이나 사회적인 신분은 법사음양사보다 낮았다.

사이조 (才蔵)

북

타유(太夫)

부채

천추만세는 현재의 「만담」의 조상. 에보시에 히타타레, 또는 스오 차림으로 부채를 든 타유와, 대흑두건에 탓츠케 차림으로 북을 든 사이조의 2인 1조로 정월에 축언이나 춤을 피로한다

맞춰 수는 늘어났으나 세간이 보기에 법사음양사의 존재는 「보기 흉한」, 「꼴사나운」 것으로 여겨졌던 것으로 보인다.

동시대의 위인

오노노 도후
(小野道風, 894~966)

중무성 소속의 소내기라는 직무를 맡았으며 「왕희지(王羲之)의 재래」라고도 불리는 달필로 알려졌다. 도후가 그 정도의 실력이 된 데에는 몇 번이고 포기하지 않고 버드나무에 달려들어 벌레를 사로잡는 개구리를 따라 노력했기 때문이라고 한다.

아베노 세이메이의
라이벌

아시야
도만
(생몰년 미상)

술법 대결을 하는 도만과 세이메이

아시야 도만(蘆屋道満)

아베노 세이메이

세이메이가 15개의 밀감을
15마리의 쥐로 바꾸었다

『아베노 세이메이 모노가타리』에서 도만은 순수한 악역으로 그려진다. 하리마 국 이나미군 출신의 음양사 아시야 도만은 술법 대결에서 세이메이에게 패해 제자로 들어간다. 천황에게 3년 동안 당에 유학 가기를 명받은 세이메이가 자리를 비운 동안 세이메이의 아내와 정을 통하고 그녀를 속여 세이메이가 지닌 오의서 『금오옥토집(金烏玉兎集)』을 손에 넣는다. 세이메이가 귀국한 뒤 도만은 놀랍게도 그 오의서를 이용하여 세이메이를 죽여 버린다. 그런데 세이메이가 당나라에서 스승으로 섬긴 백도상인이 일본으로 건너와 「생활속명의 법(生活続命の法)」으로 세이메이를 부활시켰다. 그리고 도만을 벌했다.

정통파 관료 음양사의 히어로 아베노 세이메이의 안티테제로서 아시야 도만은 수많은 설화가 남아 있다. 신출귀몰한 법사음양사인 도만은 인간다우며 패배를 인정하고 세이메이의 제자가 되는 에피소드가 있는 등, 미워할 수 없는 성격의 인물로 그려지는 경우가 많다. 조루리, 가부키의 공연 『아시야 도만 오우치카가미』의 결말에서는 악역이었던 도만도 최후에는 정의의 일원이 된다.

가 나조시 『아베노 세이메이 모노가타리』는 아시야 도만과 세이메이가 궁중의 남정에서 장궤 속에 든 것을 맞추는 술법 대결을 벌이고 도만이 「밀감 열다섯 개」라고 정답을 맞혔으나, 세이메이가 술법을 부려 밀감을 쥐로 변신시키고는 「쥐 열다섯 마리」라고 대답하여 보기 좋게 승리하여, 도만은 세이메이의 제자가 되었다고 한다.

『우지슈이모노가타리』에는 호쇼지(法成寺)의 입구에 질그릇을 묻어 후지와라노 미치나가를 저주하고 아베노 세이메이가 날린 식신에 의해 범인이라는 것이 발각되어 하리마로 유배되어 버린 도마 법사의 이야기가 있는데 이 도마 법사가 아시야 도만이다. 호쇼지가 세이메이가 죽은 뒤에 건립되었으며 이 에피소드는 픽션이나 아시야 도만이 미치나가의 저주 사건에 관여했다는 것은 사실이다. 고레무네노 다다스케(惟宗允亮)가 편찬한 『정치요략(政治要略)』에는 간콘 6년(1009)에 승려인 엔노(円能)가 미치나가, 후지와라노 쇼시, 고이치조(後一条) 천황을 저주하였으며, 그에 도만도 관여했다는 내용이 기재되어 있다.

하리마와 음양사

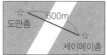

효고현 사요쵸에 있는 아시야 도만총에서 600m 떨어진 곳에 「아베노 세이메이총」이 있으며 세이메이가 모셔져 있다

아시야 도만
총 (효고)

도만 연못의 불승 바위
(오카야마)

아시야 도만이 유배된 하리마는 음양사와 연고가 깊은 토지로, 지금도 효고현 사요쵸에는 「아시야 도만총」이라는 것이 있으며, 오카야마현 아사쿠치 시에는 「아시야 도만의 묘」나 도만이 마을에 재액이 일어나자 점쳐서 폭발시켰다는 「도만 연못의 불승 바위」 등이 남아 있다. 또 아베노 세이메이가 하리마노카미였기 때문에 아사쿠치 시에는 「아베노 세이메이 저택터」나 「아베노 세이메이의 묘」도 있다.

세만·도만

음양사의 부적으로 여겨지는 별 모양의 오망성은 「세만(セーマン)」이라고 하는데 아베노 세이메이의 이름이 유래로 여겨지며 「아베노 세이메이 길경문(安倍晴明桔梗紋)」이라고도 한다. 이와 같이 가로로 다섯 줄, 세로로 네 줄의 격자 모양은 「도만(ドーマン)」이라 불리며 아시야 도만의 이름이 유래이다. 「도만」은 「구자(九字)」라고도 불리며 중국의 갈홍의 『포박자(抱朴子)』에 따르면 여기에서 일본 수험도의 「구자호신법(九字護身法)」※이 생겨났다.

세만

도만

획순 2 4 6 8

이세, 시마 방면의 해녀의 머리띠에는 세만, 도만이 그려져 있다. 부적처럼 작용하여 위험한 바다에서 해녀들을 지켜 준다고 믿겨진다

도만은 후지와라노 데이시를 섬겼던 다카시나노 미츠코(高階光子)에게 중용된 법사음양사이며, 한편 세이메이는 데이시에 대항하는 후지와라노 쇼시의 아버지인 후지와라노 미치나가가 중용하였기 때문에 훗날 도만과 세이메이를 라이벌로 세우는 이야기가 만들어진 것이리라.

동시대의 위인
후지와라노 미치쓰나의 어머니 (藤原道綱母, ?~995)

후지와라노 도모야스(藤原倫寧)의 딸이며 미인으로서도 유명하며 후지와라노 가네이에(藤原兼家)의 아내 중 한 명으로서 미치쓰나(道綱)를 낳았다. 그러나 이 결혼은 불행하게 끝났는데 슬픔이 많았던 가네이에와의 결혼생활을 적은 「가게로 일기(蜻蛉日記)」는 무라사키 시키부의 「겐지모노가타리」에도 영향을 주었다.

※「임(臨)·병(兵)·투(鬪)·자(者)·개(皆)·진(陣)·열(列)·재(在)·전(前)」의 아홉 문자로 구성된 주문이다. 산에 들어갈 때의 액막이로 쓰였다.

초혼의 의식을
치른 음양사

나카하라노
쓰네모리
(생몰년 미상)

죽은 키시의 이름을 부르는
나카하라노 쓰네모리

키시의 옷

키시 님
키시 님
키시 님

상동문원의
동별채 지붕

이렇게 죽은 자의 혼을 부르는 법술
은 음양료에서는 인정되지 않았다.
그러나 살아 있기는 하지만 병으로
생사의 경계를 헤매는 자의 혼을 불
러오는 「초혼속백제(招魂続魄祭)」는
이보다 이전에도 벌어졌다.

나카하라노 쓰네모리(中原恒盛)

11세기 전반의 관료음양사 죽은 자를 부
활시키는 것은 당연히 불가능하며 쓰
네모리는 벌금형을 받았다. 그러나 음양
료의 제3등관인 음양윤의 관직을 얻었다.

만 주(万寿) 2년(1025) 후지와라노 미치나가의 딸이며 동궁비였던 키시(嬉子)가 아카모
가사(홍역)에 걸렸다. 키시는 병으로 괴로워하면서 황자(훗날의 고레이제이(後冷泉) 천
황)를 출산하였으나 그대로 숨을 거두었다. 포기할 수 없었던 미치나가의 마음을 헤아린
후지와라노 야스미치(藤原泰通)는 음양사인 나카하라노 쓰네모리에게 의뢰하여 「혼을 부
르는 법」(초혼)을 지내게 했다.

당시 병으로 의식이 혼탁해지는 것은 혼이 육체를 떠나는 것이 원인이라고 생각하였으
며 살아 있는 인간의 혼을 불러내는 일은 흔히 이루어졌다. 그러나 음양료의 상사들은 「죽
은 자를 대상으로 지내는 것은 위법이다」라며 허가하지 않았다. 이에 대해 유생인 기요하
라노 요리나리※가 중국의 『예기(禮記)』에 사례가 있는 일이라고 주장했기 때문에 쓰네모
리는 키시가 살던 곳이었던 상동문원의 동별채 지붕에 올라가 키시의 옷을 흔들며 세 번
이름을 불렀다. 즉 일본의 음양도의 기본인 제사와 하라에의 방법을 취하지 않고 중국의

황천의 나라
이자나미
이자나기

이러한 『진실의 모습을 보아선 안 된다』는 신화 체계는 그리스 신화 등 많은 이야기 속에서 나타난다

초혼① 「되살아나다(蘇る)」는 「황천에서 돌아오다(黃泉帰る)」

이자나기와 이자나미의 부부신은 나라를 낳아 일본을 만들었는데, 아내인 이자나미는 불의 신인 카구츠치를 낳을 때 화상을 입어 죽어버린다. 어떻게든 아내를 되살리고 싶었던 이자나기는 황천의 나라로 가지만 보면 안 된다는 금기를 깨고 아내의 모습을 봐 버려 다급히 황천의 나라에서 도망쳐 왔다. 이 『고사기(古事記)』의 「황천에서 돌아오다(요미가에루)」의 에피소드에서 죽었다 되살아난다는 것을 일본어로 「요미가에루(蘇る)」라고 하게 되었다고 한다.

초혼②
사이교 법사가 인조인간을 만들다

메리 셜리의 『프랑켄슈타인』과 비슷한 이야기다

사이교(西行)는 가인으로 유명한데 『선집초(撰集抄)』에 따르면 어느날 그는 너무나 외로운 나머지 들판에 버려져 있던 뼈를 모아 인조인간을 만들었다고 한다. 그러나 만들어진 것은 움직이거나 소리를 내기는 하지만 인간과는 도저히 닮지 않은 반편이었다. 그래서 인간 마을에서 떨어진 고야산 안쪽으로 데려가 버렸다고 한다.

현재의 이치조모도리바시의 모습

다리 밑에 세이메이가 식신을 숨겨 두었다는 이야기도 전해진다(43p)

초혼③
아버지를 되살린 쵸조

미요시 기요유키(三善清行)의 아들인 승려 쵸조(浄蔵)는 아버지가 죽었다는 소식을 듣고 수행하던 구마노에서 돌아와 이치조호리카와에 걸려 있는 다리 위에서 관에 울며 매달렸다. 그러자 미요시 기요유키가 일시적으로 되살아나 부자가 마지막 이별을 할 수 있었다. 이로부터 다리의 이름이 모도리바시가 되었다고 한다(『선집초』).

방법으로 「혼 부르기」를 한 것이다. 이 일로 쓰네모리는 질책을 받았으며 결국 키시는 되살아나지 않았다. 중국의 도교에서 「초혼법」은 오로지 죽은 자를 되살리기 위해 벌어진 것과는 달리 일본의 음양도에서는 죽은 자의 혼을 되돌려서는 안 된다고 여겨졌음을 알 수 있어 재미있는 에피소드이다.

동시대의 위인
후지와라노 요리미치
(藤原頼道, 992~1074)

후지와라노 미치나가의 장남. 고스자쿠(後朱雀) 천황, 고레이제이 천황의 세대에 50년에 걸쳐 관백을 맡고 현재 세계 유산으로 지정된 우지의 뵤도인 봉황당을 건립했다는 것으로도 알려졌다. 그러나 입궐시킨 딸이 남자를 낳지 않아 후지와라씨의 쇠퇴를 초래했다.

※기요하라노 요리나리(清原頼業, 1122~1189)는 헤이안 후기의 유학자이다. 유학의 기본적 문헌인 『예기』 등, 중국의 경서를 연구하는 학과인 『명경도(明經道)』를 배웠으며, 그 길을 궁구했다. 사후, 구루마자키묘진(車折明神)으로서 기려졌다.

음양도의 스페셜리스트

아베노
세이메이의 스승 1

가모노
다다유키
(?~960?)

가모노 다다유키

「도에 있어 과거에도 꿀리지 않고 당시에도 견줄 자가 없었다」고 일컬어지던 음양사. 덴교(天慶) 3년(940) 다이라노 마사카도(平将門), 후지와라노 스미토모(藤原純友)가 잇따라 모반한 「조헤이·덴교의 난(承平天慶の乱)」을 진압하기 위해 다다유키가 「백의관음법(白衣觀音法)」을 지내도록 진언했다. 이는 당시의 밀교승에게도 알려지지 않은 수법이어서 명성을 얻었다

상자 안에 든 것을
투시하는 사복

어린 아베노 세이메이의 재능을 알아차리고 가진 지식을 모두 전수했다는 가모노 다다유키의 가모씨는 야마토국 가쓰라기군을 본거지로 삼은 호족으로, 기비마로(吉備麻呂)를 시조로 삼는다. 이 기비마로가 견당사였기 때문에 기비노 마키비와 혼동되어 훗날 기비노 마키비가 음양사의 달인이라고 여겨지는 데 이르렀으며 가모씨에서도 의도적으로 기비노 마키비의 자손을 자칭하게 되었다.

가모노 다다유키는 「음양의 길에 대해서는 지금이든 옛날이든 비할 자가 없을 정도의 달인이며 공사를 가리지 않고 중용되었다」고 한다. 또 상자 안에 든 것을 맞추는 「사복(射覆)」이 특기로, 다이고 천황의 요청으로 이를 행하여 상자 안에 든 것이 「붉은 실로 꿰인 수정 염주」라고 정확하게 맞추어 큰 칭찬을 받았다고 한다(『곤자쿠모노가타리』).

이처럼 평판이 자자했던 다다유키였으나 높은 관직에 오르지는 못했는데 이는 훗날 음양사로서 이례적인 출세를 거둔 아들 가모노 야스노리(69p)가 자신이 얻은 5위의 위계를 6위인 아버지에게 보내고 싶다고 했다는 것으로 알 수 있다.

마침 이 시기에 원래 독립되어 있었던 음양료의 천문, 역서, 점술, 누각의 네 부문의 장벽이 없어지는 경향이 생겨 이에 따라 다다유키의 제자인 세이메이가 천문득업생(천문을 배우는 성적 우수한 특대생)에서 음양사가 되고 이어서 천문박사가 되는 일도 가능하게 되었다.

아베노
세이메이의 스승 2

가모노
야스노리
(917~977)

음양의 규범이 된 귀재

가모노 야스노리

역도를 연구하고 태양, 달, 별 등을 따라 달력을 만들어내는 『역림(曆林)』(10세기경)을 저술했다. 『역림』은 현존하지 않으나 이에 Q&A 형식의 주석을 더하고 미신이나 풍습, 유교적인 도덕을 배제해서 재편한 역주서가 『역림 문답집』으로, 무로마치 시대의 음양사가 가모노 야스카타가 저술했다. 음양료에서 배우는 학생들의 교과서로 읽혀 나갔다.

후한의 과학자 장형이 제창한 우주관 중 하나인 혼천설을 나타낸 그림. 하늘은 계란 껍데기, 대지는 노른자위에 해당하며 하늘은 남북극을 축으로 회전한다고 하였다. 『역림 문답집』에 천문의 지식으로서 적혀 있다.

가모노 야스노리는 가모노 다다유키의 아들로 「지금 세상에서는 야스노리를 음양의 규범으로 삼는다」고까지 일컬어진 천재 음양사다(『좌경기(左経記)』).

25세에는 역생의 신분으로 특별히 스자쿠(朱雀) 천황의 「조력의 선지」를 받아 역박사인 오오카스가 히로노리와 함께 달력 제작을 명받았다. 그 뒤 역박사, 음양두, 천문박사 등 음양료의 중역을 역임하여 「삼도박사(三道博士)」라 불렸다. 참고로 가모씨에서 음양두가 된 것은 야스노리가 최초였다. 덴엔(天延) 2년(974)에는 달력을 제작한 공으로 종사위하에 서임되었는데 음양가가 종사위가 된 것은 나라 시대의 후지와라노 나카마로의 모반을 밀고하여 정칠위상에서 한 번에 종사위상이 된 오쓰노 오우라(58p) 이래의 쾌거였다.

종종 야스노리가 아들인 미쓰요시에게 역도를 전수하고 제자인 세이메이에게 천문도를 전수했기 때문에 가모씨가 역도, 아베씨가 천문도를 장악하게 되었다는 이야기가 있으나, 미쓰요시의 제자인 가모노 미쓰쿠니가 천문박사가 되었다는 것을 보았을 때 야스노리에게 그러한 의도가 있었다고는 생각하기 힘들다.

또 본래 괴이나 질병이 일어났을 때 점이나 하라에는 음양료에 속한 자가 지내는 것이었으나, 야스노리가 음양료를 떠난 뒤에도 이러한 의뢰가 많았던 탓에 이것이 관례가 되어 아베노 세이메이도 음양료를 떠나 주계관조나 곡창원별당이 되어서도 점이나 하라에, 반폐 등을 하였다.

사스노미코라
불렸던
세이메이의 자손

아베노
야스치카
(1110~1183)

아베노 야스치카

아베노 세이메이 직계의 음양사. 천문 점의 극에 이르러 결과를 틀린 적이 없었다고 한다. 겐레이몬인 도쿠코가 아들을 낳는다는 것도 적중시켰다. 세이메이를 신격화하고 자신의 점술이 세이메이의 직속의 흐름을 이어받은 유일하다고 주장하였다. 반신으로서의 세이메이 전설은 야스치카의 자의로 탄생한 것이라고도 할 수 있다

위의 그림은 우키요에 화가 우타가와 구니요시(歌川国芳)가 야스치카를 그린 「아베노 야스치카 기 다마모노마에(安倍晴近新玉藻前)」. 다마모노마에를 물리친 자는 일반적으로는 야스치카의 아들, 야스나리로 여겨진다. 도바 천황의 총회였으나 사실은 금모구미의 여우 요괴였던 다마모노마에를 「여우의 아이」라고 전해지는 세이메이의 자손이 퇴치한다는 것은 상당히 얄궂은 일이다

급 사한 형 대신 15살의 나이에 아베 가문의 적통을 상속한 아베노 야스치카는 20세일 때 우경량이 되었으며 훗날 아악두와 권음양박사를 겸임하고 닌표(仁平) 3년 (1153)에는 권천문박사까지 겸임하게 되었다. 『헤이케모노가타리(平家物語)』에 따르면 「천문은 기원에 이르고, 점은 손바닥 보는 것만 같았다.※ 단 하나도 틀리는 일이 없어 사스노미코(指神子)라 불렸다」고 하며 그 몸에 번개가 떨어져도 가리기누는 타 버렸으나 야스치카는 무사했다고 쓰여 있다.

또 다이라노 기요모리에 의해 도바도노에 유폐당한 고시라카와(後白河) 법황이 어소 안에서 족제비가 뛰어다니며 소란을 피운다는 괴이를 점치게 하였더니 야스치카는 「사흘 안에 기뻐하고, 또 슬퍼할 것」이라 답했다. 그 뒤 법황에게는 도바도노에서 미복문원 어소로 옮겨지는 「기쁨」이 있었으나, 바로 제3황자인 모치히토(以仁) 왕이 미나모토노 요리마사(源賴政)와 타도 헤이케의 군사를 일으켜 우지에서 토벌된다는 「슬픔」이 찾아왔다.

세이메이로부터 아베 가문의 계보

아베노 야스치카 시절이 되면 세이메이로부터 파생된 아베 가문이 다수 존재하며 서로 경쟁하게 되었다

야스치카와 저택의 상속 분쟁

초쇼 원년(1132) 아베노 세이메이의 5대 자손에 해당하는 아베노 야스치카와 아베노 가네토키(安倍兼時, 훗날 하루미치(晴道)라고 개명) 사이에 세이메이의 저택 터의 토지를 둘러싼 소송이 벌어졌다. 이 땅을 팔고자 한 가네토키에 맞서 야스치카는 「이곳은 공가를 위해 제사를 치르는 제정이기 때문에 팔아서는 안 된다」고 반대하였는데 야스치카의 주장이 통했다.

세이메이의 저택 터는 교토시 가미교구에 있으며 현재는 교토 브라이트 호텔이 세워져 있다. 정확한 저택의 위치는 주차장 부근이다

야스치카, 풋내기가 손대면 험한 꼴을 당한다고 주의

권천문박사까지 맡았던 야스치카는 당연히 천문에도 박식했으나 후지와라노 모로히라가 니조(二条) 천황에게 별에 대해 가르쳤다는 말을 듣고 「풋내기가 멋대로 그런 짓을 하면 벌을 받는다」고 비난했다. 과연 그날 밤 모로히라는 죽어버렸다. 당시에는 음양도를 깊이 연구하지 않은 자가 천문을 보고 길흉을 판단하면 천벌을 받는다고 믿어졌다.

음양도와 연이 깊은 북두칠성을 용으로 「북두룡」

후지와라노 모로히라(藤原師平)

이 시절의 아베 가문은 가모 가문의 영향 아래에 있었으며 야스치카는 법황이나 공가들의 신뢰를 배경으로 아베 가문의 재흥을 꾀했다. 그 자본이 된 것이 천황을 위해 매달 지냈던 태산부군제(46p)로, 법황은 이에 대한 제사료로서 야스치카에게 상당한 크기의 장원을 하사했다. 이 재산으로 아베 가문은 조금이나마 되살아나게 된다.

동시대의 위인
미나모토노 요리토모
(源頼朝, 1147~1199)

미나모토노 요시토모(源義朝)의 아들. 아버지인 요시토모가 「헤이지의 난」에서 패한 탓에 이즈로 유배되었다. 이윽고 모치히토(以仁) 왕의 명령을 받고 호조 도키마사(北条時政) 등과 함께 거병했다. 동생인 미나모토노 요시쓰네(源義経)의 활약도 있어 헤이케가 멸망하자, 수도가 아니라 가마쿠라에 막부를 세워 독립된 무가 정권을 세웠다.

※천문학의 근본을 깨우쳤으며 점은 정확하게 맞았다

율령체제의 구조

일본의 율령제에서는 「2관8성(二官八省)」의 관료조직이 정해져 있었다. 「2관」이란 전국의 신관을 지배하고 제사를 관장하는 「신기관(神祇官, 카미즈카사)」과 그 외의 실무를 담당하는 「태정관(太政官)」을 뜻하며, 「태정관」 아래에 「중무성(中務省)」, 「식부성(式部省)」, 「치부성(治部省)」, 「민부성(民部省)」, 「병부성(兵部省)」, 「형부성(刑部省)」, 「대장성(大蔵省)」, 「궁내성(宮内省)」의 「8성」이 있었다.

「식부성」은 문관의 인사나 대학료를 담당하며 「치부성」은 외교 담당, 「민부성」은 세금이나 재무를 담당했다. 「병부성」은 군사를 담당하며 「형부성」은 사법이나 소송 관련, 「대장성」은 조정의 출납 관계를 담당하고 「궁내성」은 황실의 사적인 생활을 관할했다.

그리고 당시에 가장 중요한 업무였던 천황의 명령인 「미코토노리(詔)」의 문서를 작성하던 곳이 「중무성」이었다. 이 「중무성」 아래에 있었던 것이 궁중의 잡무나 숙직을 담당하는 「대사인료(大舎人寮)」, 서적과 종이 제작을 담당하는 「도서료(図書寮)」, 궁의 창고를 관리하는 「내장료(内蔵寮)」, 여관의 인사나 옷의 재봉을 담당하는 「봉전료(縫殿寮)」, 궁중의 기물 제작이나 조영을 담당하는 「내장료(内匠寮)」 등이 있었으며 아베노 세이메이가 속했던 「음양료」도 「중무성」의 하부조직이었다. 「중무성」 아래에는 옛날에는 「화공사(画工司)」, 「내약사(内薬司)」, 「내례사(内礼司)」 등도 있었으나 훗날 「화공사」가 「내장료(内匠寮)」에 편입되고, 「내례사」가 「탄정대(弾正台)」에, 「내약사」가 「전약료(典薬寮)」에 병합되었다.

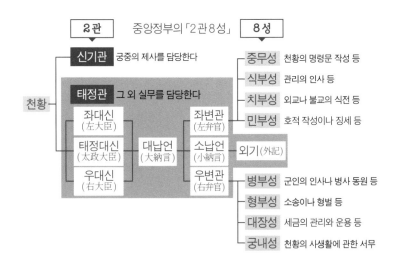

제
4
장

음양도와
음양사의
역사 I

음양도의 기반이 되는 것은 중국에서 만들어진 역(易)
과 음양오행설이다. 이것들이 일본에 전해진 것은 6세
기의 일이다. 음양도가 어떻게 일본에 받아들여지고
정치를 움직이고 「음양사」라는 존재가 태어났는지에
대한 궤적을 더듬어 올라간다. 고대 중국의 사상도 알
아보면서 더욱 깊이 이해해보도록 하자.

아스카 시대
(6~7세기)

시작은
백제에서

『일본서기』에 「자색단려하며」라는 묘사가 있다. 무척 아름다웠던 모양이다

스이코(推古) 천황(554~628)

592~628년 재위. 누카다베(額田部) 황녀. 역사의 계보 상 처음으로 등장한 여제. 조카인 우마야도 황자가 섭정을 맡았다고 한다. 호류지 등 일곱 개의 절을 건립했다.

① **고구려**(기원전 37년~668년)

전설에서는 강의 신의 딸이 낳은 주몽이 건국했다고 한다. 광개토대왕릉비로도 유명하다.

② **신라**(기원전 57년~935년)

백제와 견주는 삼국의 하나로, 훗날 두 나라를 멸망시키고 한반도를 통일한다.

③ **백제**(기원전 18년~660년)

일본과 가장 관계가 깊었던 나라였으나, 660년에 나당연합군에 의해 멸망한다.

④ **가야**(42년~562년)

한반도 남부의 소국가군의 총칭. 562년에 신라의 진흥왕에 의해 병합되었다.

음 양도의 기반이 된 것은 중국에서 만들어진 역(易)과 음양오행설로 그것이 처음으로 일본에 전해진 것은 게이타이 천황 7년(513)의 일이었다. 『일본서기(日本書紀)』에 「백제에서 오경박사 단양이가 오다」라고 적혀 있으며 3년 뒤에도 「오경박사 한고안무가 와서 단양이와 교대했다」라고 적혀 있다. 그리고 긴메이(欽明) 천황 14년(553)에는 일본에서 백제에 사자를 보내 「의박사, 역(易)박사, 역(曆)박사는 당번제로 교대시킬 것, 점서, 역본, 각종 약품 등을 보낼 것」이라 의뢰하였다. 이 다음해, 오경박사인 왕유귀가 고덕 마정안과 교대하고 또 역(易)박사인 시덕 왕도량과 역(曆)박사 고덕 왕도손, 의박사인 나솔 왕유릉타 등이 백제에서 파견되었다. 이와 같이 6세기의 일본은 중국에서 직접 가져오지 않고 한반도의 백제를 경유하여 음양오행설을 수입하였다.

또 스이코 천황 10년(602)에는 백제의 승려인 관륵이 찾아와 「역본, 천문, 지리서, 둔갑 방술의 서를 바쳤으므로, 조정에서는 서생 서너 명을 골라 관륵의 밑에서 배우게 했다. 다

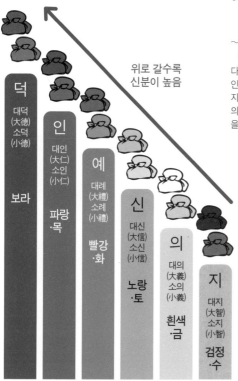

쇼토쿠 태자(우마야도 황자)의 관위 12계에도 음양오행설의 영향이

백제의 승려 관륵이 각종 학술서를 일본에 가져온 다음해, 쇼토쿠 태자(우마야도 황자)가 「대덕, 소덕, 대인, 소인, 대례, 소례, 대신, 소신, 대의, 소의, 대지, 소지」로 이루어진 「관위12계」를 제정했다. 이는 유교의 「오상」인 「인, 의, 예, 지, 신」에 「덕」을 더하고, 각각을 「대, 소」의 둘로 나눈 것이다.

위로 갈수록
신분이 높음

덕
대덕
(大德)
소덕
(小德)
보라

인
대인
(大仁)
소인
(小仁)
파랑
·목

예
대례
(大禮)
소례
(小禮)
빨강
·화

신
대신
(大信)
소신
(小信)
노랑·토

의
대의
(大義)
소의
(小義)
흰색
·금

지
대지
(大智)
소지
(小智)
검정
·수

순서는 「오상(五常)」과는 달리 「오행상생(五行相生)」의 「목화토금수」의 순서로 세웠으며 색도 「청적황백금」으로 오행의 순서에 대응하고 있다. 참고로 「덕」은 「오행을 겸한다」고 하여 제일 위에 놓였는데 그 색을 보라로 한 것은 도교의 최고색이기 때문으로 아무래도 쇼토쿠 태자(우마야도 황자)는 오행설뿐만 아니라 도교에도 영향을 받았던 듯하다

미즈라
(角髮)

고대 남성의 머리를 묶는 법. 나라 시대부터는 소년의 머리 모양이 되었다. 머리의 중심에서 머리를 좌우로 나누고 귀 언저리에서 묶는다

쇼토쿠 태자(우마야도 황자)(574~622)

소가 씨의 혈통에서 태어난 최초의 황자. 최초의 견수사를 보냈다. 601년, 일족이 이카루가로 이주. 아스카에는 스이코 천황이 있어 황자들 모두 대신인 우마코가 지원했다. 603년에 관위 12계, 604년에 헌법 17조를 제정했다

마후루(玉陣)는 역법을 배웠다. 오오토모노 스구리 코소(大友村主高聰)는 천문둔갑을 배웠다. 야마시로노 아미히타테는 방술을 배웠다」라고 쓰여 있으며 이 시절에 음양도의 베이스인 학문의 습득이 진행되었다.

세계의 주요 사건
이슬람교의 탄생

570년경 아라비아의 메카에서 태어난 무함마드는 신의 계시를 받아 신에 대한 완전한 복종(이슬람)을 요구하는 종교를 널리 퍼뜨렸다. 632년에 무함마드가 죽었을 때는 온 아라비아 반도에 이 「이슬람교」가 퍼져 있었다.

이 세계를 구성하는 것

고대 중국
중국의 음양설과 오행설

태극도(太極圖)

양동
(陽動)

음정
(陰靜)

화 수

토

목 금

건도성남
(乾道成男)

곤도성녀
(坤道成女)

생화물만(生化物萬)

태극에서 음양이 생겨나며 오행이 되어 순환하고 하늘의 길인 건도에서 남자, 대지의 길인 곤도에서 여자가 태어나며 그리고 만물이 태어나는 모습을 나타낸다

음양구옥파(陰陽勾玉巴)

양

양 속의 음

음 속의 양

음

태극은 중국의 우주관에서 「가장 근본이 되는 것」이라는 의미이다. 정식으로는 「음양태극도(陰陽太極圖)」라고 한다. 「음이 극에 이르러 양이 되며, 양이 극에 이르러 음이 된다」는 것을 뜻한다. 이 그림에서는 음 속에도 양이 있고 양 속에도 음이 있다는 것도 알 수 있다.

왼쪽은 중국 북송의 사상가 주돈이가 저술한 『태극도설(太極圖說)』에서 해설하는 태극도. 『태극도설』은 겨우 250자 정도의 문장에서 「무극이면서 태극이니, 태극이 움직여 양을 낳고, 움직이는 것이 지극해서 고요하며, 고요해서 음을 낳고, 고요함이 지극하면 다시 움직이나니, 한 번 움직이고 한 번 고요한 것이 서로 그 뿌리가 되며, 음으로 나뉘고 양으로 나뉘어 두 가지 모양이 세워지도다」라는 식으로 우주만물의 생성발전부터 마지막에는 인간의 자세까지 논하고 있다

고대 중국에서는 삼라만상 모든 것은 「음(陰)」과 「양(陽)」으로 나뉘며 음과 양이라는 두 상반되는 요소로 구성된다고 여겼다. 예를 들어 하늘은 양이며, 땅은 음, 태양은 양이며, 달은 음, 남자는 양이며, 여자는 음, 흰색은 양이며, 검정은 음이라는 식이다.

그러나 이 양자는 대립한 채 고정되어 있지만은 않았으며, 서로에게 영향을 주면서 순환한다고도 여겨졌다. 즉 양이 극에 이르면 음이 되며, 음이 극에 이르면 양이 된다는 식으로 빙글빙글 돌아가는 것이다. 이를 그림으로 나타낸 것이 「태극도」로, 태극도에서는 양이 가장 강할 때 흰색 속에 검은 음의 점을 품고, 음이 가장 강할 때에도 검정 속에 흰 양이 존재하여, 양이 음으로, 음이 양으로 변화하는 모양이 그려져 있다.

그러나 세상이 복잡해짐에 따라 음과 양의 이원론으로는 설명할 수 없는 것도 많아졌다. 그래서 생겨난 것이 「오행설(五行說)」이다. 이는 「수화목금토」의 다섯 요소가 세계를 구성한다는 발상으로, 이 다섯 기본 요소로 우주의 모든 것을 설명하고자 한 것이었다.

오행상생은 순환하여 만들어낸다

이윽고 오행설이 음양설과 이어져 오행도 순환한다는 사고방식이 생겨났다. 「목이 화를 낳고, 화가 토를 낳고, 토가 금을 낳고, 금이 수를 낳고, 수가 목을 낳는다」는 식으로 오행의 각각이 차례대로 다른 것을 만들어내는 것이 「오행상생(五行相生)」의 개념이다.

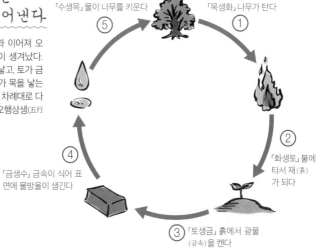

「수생목」 물이 나무를 키운다 ⑤

「목생화」 나무가 탄다 ①

「화생토」 불에 타서 재 (흙) 가 된다 ②

「토생금」 흙에서 광물 (금속)을 캔다 ③

「금생수」 금속이 식어 표면에 물방울이 생긴다 ④

오행상극(오행상승)은 이기고, 멸한다

각각의 요소를 차례로 만들어내는 「오행상생」과는 달리 「목은 토를 이기고, 토는 수를 이기고, 수가 화를 이기고, 화가 금을 이기고, 금이 목을 이긴다」는 식으로 오행의 각각의 요소가 다른 것을 없애 간다는 설이 「오행상극(五行相克, 오행상승(五行相勝))」이다.

「수극토」 나무는 흙에서 영양을 빼앗는다 ①

「수극화」 물은 불을 꺼뜨린다 ③

「화극금」 불은 금속을 녹인다 ④

「금극목」 금속 도끼는 나무를 베어낸다 ⑤

「토극수」 흙은 물을 흐리고 막는다 ②

세계의 주요 사건

제자백가

중국의 춘추전국시대에는 공자의 가르침을 믿는 유가, 노자의 가르침을 믿는 도가, 한비자의 가르침을 믿는 법가, 묵자의 가르침을 믿는 묵가 등, 이른바 「제자백가(諸子百家)」라 불리는 학파가 난립하였다. 일본의 음양도의 기반이 된 음양가도 「백가」 중 하나였다.

팔괘와 역

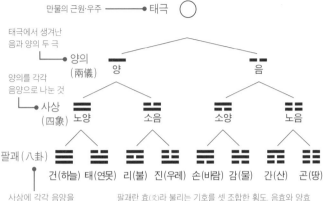

음양의 이원을 표현한 도식

만물의 근원·우주 ——→ 태극 ○

태극에서 생겨난 음과 양의 두 극 ——→ 양의(兩儀) — 양 ⋮⋮ 음

양의를 각각 음양으로 나눈 것 ——→ 사상(四象) ▬ 노양 ▬ 소음 ▬ 소양 ⋮⋮ 노음

팔괘(八卦) 건(하늘) 태(연못) 리(불) 진(우레) 손(바람) 감(물) 간(산) 곤(땅)

사상에 각각 음양을 더하고 나눈 것

팔괘란 효(爻)라 불리는 기호를 셋 조합한 횡도. 음효와 양효의 두 종류를 조합한다. 팔괘는 자연 외에도 신체나 가족, 방위를 상징하며 점대로 점친다. 그러나 「맞는 것도 팔괘, 맞지 않는 것도 팔괘」이다

건(하늘)

감(물)

리(불)

곤(땅)

중앙의 원은 태극을 뜻한다. 파랑과 빨강은 음양, 네 가지 괘는 「천지수화(天地水火)」를 뜻한다. 조화와 평화를 바람을 의미한다

태극기

대한민국의 국기 「태극기」 태극에서 천지만물이 생성되는 모양을 표현했다. 태극도의 주위에 건곤감리의 네 종류의 괘가 놓여 있다

음 양오행설 외에 음양도의 기본이 된 발상으로 「역(易)」이 있는데 이는 중국의 전설 속 남신인 복희(80p)가 만든 「팔괘」에서 생겨났다고 한다. 복희가 황하 근처를 걷고 있다 갑자기 강 속에서 용마가 나타났다. 복희는 그 등에 있었던 신기한 모양에서 「하도(河圖)」(81p)를 고안하였는데 이것이 훗날 「팔괘」가 되었다는 것이다.

팔괘는 「건(乾), 태(兌), 이(離), 진(震), 손(巽), 감(坎), 간(艮), 곤(坤)」의 여덟 가지로 구성되며, 양 중의 양인 「건」부터 음 중의 음인 「곤」 사이에 각각 음양의 조합에 따른 여섯 요소가 존재하며 각각이 세계를 구성하는 요소라고 여겨졌다. 예를 들어 건은 하늘을 뜻하며, 곤은 땅을 뜻하며, 태는 연못, 이는 불, 진은 우레, 손은 바람, 감은 물, 간은 산을 뜻한다. 훗날 주의 문왕이 이 팔괘를 겹쳐 64괘로 보는 『주역(周易)』[1]을 만들었는데, 이것이 유교의 주요 교재의 하나가 되어 『역경(易經)』이라 불리게 된다. 또 남송 시대에 이르러 주자학[2]을 만든 주희가 이 팔괘를 복희의 「하도」에 기반을 둔 「양의→사상→팔괘」로 보는 「복희선

선천도와 후천도

주희가 참고한 것이 북송의 소옹이 고안한 「선천도」와 「후천도」이다. 소옹의 「선천도」에서는 모든 것이 양인 남쪽의 「건」에서 순서대로 음이 늘어나 모든 것이 음인 북쪽의 「곤」으로 옮겨가는 만물의 자연스러운 생성을 나타내며, 이에 반해 「후천도」는 역의 순서나 방위를 기반으로 인위적으로 배치된 것이다. 점에서는 「후천도」가 중시되었으나 주희는 「선천도」를 더욱 중시했다.

주자학에서 중요시했던 선천도

황하에서 튀어나온 용마의 등에 있었던 문양에서 복희가 만들어냈다는 것이 「하도」인데 이를 기반으로 소옹이 복원했다는 그림

점에 쓰인 후천도

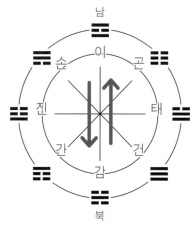

천지자연의 있는 그대로의 모습을 비추어 만들었다는 「선천도」와는 달리 주의 문왕이 역의 괘를 이끌어내기 위해 개량했다는 그림

천팔괘(伏羲先天八卦, 선천도)」와 주왕의 도덕관에 기반을 둔 「문왕후천팔괘(文王後天八卦, 후천도)」의 두 종류로 나누었다고 한다.

세계의 주요 사건
은주혁명

은의 최후의 왕인 주왕은 「주지육림(酒池肉林)」 등의 극악무도한 폭정을 벌였다. 그래서 주의 무왕이 「목야 전투」로 주왕을 내쫓고 주 왕조를 세웠다. 훗날 공자가 주창한 유교에서는 무왕 사후 성왕을 도와 정치를 한 주공단의 정치를 이상으로 여겼다.

※1 중국, 고대의 점서(점대라는 가는 봉을 이용하는 점)를 치는 방법이 적힌 서적.
※2 주희가 만든 새로운 유학. 만물을 구성하는 원료 「이(理)」와 만물의 존재를 규정하는 「기(氣)」를 중심으로 한 이기설로 모든 사상을 설명할 수 있다 하며, 인간은 「이」가 본연의 성질이며 이를 궁구해야 한다고 하였다.

고대 중국
중국에 전해지는
전설

개성 넘치는 신들

컴퍼스 (양)

여와
(女媧)

자 (음)

둘이 관계하는 것으로 컴퍼스와 자가 뒤바뀌어 음양이 순환함을 나타낸다

여와가 황토를 인간의 형상으로 만들어 인간을 만들었다는 전설도 있다

복희(伏羲)

복희는 팔괘(78p)를 만들었을 뿐만 아니라 그물을 발명하여 인간들에게 수렵과 고기잡이를 가르쳤으며 불을 이용하여 요리하는 법을 가르쳤다고 한다

음양설을 의미하는 부부신. 태고에 하늘을 받쳤던 네 개의 기둥이 꺾이자 대지는 갈라지고 대화재가 온갖 곳에서 발생했다. 홍수가 잦았으며 맹수도 횡행하였다. 여와가 오색으로 빛나는 돌을 녹여 하늘의 빠진 부분에 흘려 넣어 메웠다고 한다

오행의 불의 덕으로 왕이 되었기에 염제라고도 불린다

신농(神農)

몸은 인간, 머리는 소라는 모습을 하고 있다. 약초 외에도 인간들에게 농업과 양잠, 상업을 가르쳤다고 한다

중국의 전설의 신에는 비나 바람을 자유롭게 조종하는 치우라는 군신도 있었으나 황제에 의해 멸해 버려(『사기(史記)』) 그 피가 깃발을 붉게 물들인 것으로 붉은 깃발을 「치우기(蚩尤旗)」라고 부르게 되었다. 훗날 하늘에 붉은 기운이 끼는 천문현상도 「치우기」라 부르게 되었으며 일본에서도 겐랴쿠(元曆) 2년(1185) 설에 붉은 기운이 낀 것을 본 아베노 스에히로(安倍季弘)가 「이것은 치우기다」라며 천문밀주(14p)를 하였다

치우

중국의 지리서 「산해경(山海經)」에 따르면 군신 치우는 바람의 신과 비의 신을 따라 전설의 황제인 황제(黃帝)와 싸웠으나 가뭄의 신에 의해 격파 당했다고 한다

하 늘과 땅, 남자와 여자라는 식으로 이 세계를 양과 음의 둘로 나누는 중국의 음양설을 잘 나타내는 것이 여와와 복희의 부부신이다. 여와는 부서진 대지를 고쳤다는 여신이며, 복희는 문자와 팔괘를 만들었다는 남신인데 이 두 신은 상반신은 인간의 모습을 하고 있으나 하반신은 뱀이었다. 더구나 두 신은 손에 컴퍼스와 자를 들고 서로의 꼬리를 얽은 모습으로 그려지는 경우가 많다. 이것이야말로 컴퍼스의 원(하늘·양)과 자의 방(땅·음)의 융합, 남자(양)와 여자(음)의 융합을 뜻하며 음과 양이 순환하는 태극도 그 자체라 할 수 있다.

이 두 신에 온갖 풀을 맛보아 인간에게 유익한 약초를 알아낸 신농이 더해져 「삼황」이라 불린다. 삼황의 신에는 다양한 설이 있으나 여기에 전설상의 뛰어난 다섯 왕인 곡, 요, 순, 우, 탕의 「오제」를 더해 「삼황오제(三皇五帝)」라 부르는 것이 일반적이다(오제에도 여러 설이 있다)

「하도」,「낙서」

황하에서 튀어나온 용마의 등에 그려진 「하도(河圖)」라는 문양에서 복희가 「팔괘(八卦)」를 만들어냈다는 전설은 앞서 설명하였는데 하 왕조의 창시자라 여겨지는 전설의 왕, 우 임금에게도 비슷한 에피소드가 있다. 우 임금은 날뛰는 강이라며 두려움을 사던 황하의 치수에 성공한 인물로 그 공으로 순에게 왕위를 넘겨받았는데, 그 우가 낙양의 남쪽으로 흐르는 낙수의 치수에 성공했을 때 강 속에서 신귀(신적인 거북이)가 튀어나왔다. 그 등에 그려져 있던 문양에서 우가 만들어낸 것이 「낙서(洛書)」라고 한다. 하도낙서는 훗날 역의 팔괘의 기반이 된 것으로 하도는 선천도(79p), 낙서는 후천도(79p)와 대응한다.

하도

흰색은 양을 뜻하고 양수인 홀수가 되며 검정은 음을 뜻하므로 음수인 짝수로 되어 있다. 각각 「팔괘」의 숫자를 뜻하는데 중앙은 팔괘에는 없는 「5」가 놓여 있다. 1, 3, 7, 9라는 하늘의 양수는 하늘의 기운이 되며, 2, 4, 6, 8이라는 땅의 음수는 땅의 기운이 되어 태극도처럼 순환하여 만물을 낳음을 뜻한다

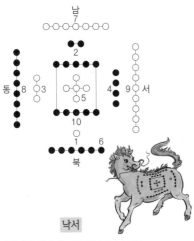

낙서

중앙에 「5」가 온다는 것은 같다. 1, 3, 7, 9의 양수는 각각 북, 동, 서, 남의 사방에 위치한다. 2, 4, 6, 8의 음수는 남서, 남동, 북서, 북동의 네 모서리에 위치하여 하늘과 땅의 합체를 뜻한다. 낙서의 아홉 숫자를 정방형으로 배치하면 가로, 세로, 대각선의 합이 모두 「15」가 된다【표】 이는 서양에서는 마방진이라 불린다. 고대 중국인은 이 아홉 숫자를 신비의 수로 생각하고, 이 배치를 「구성(九星)」이라 불렀다(136p).

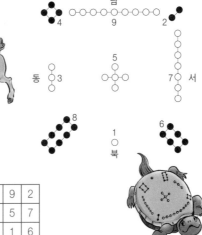

4	9	2
3	5	7
8	1	6

헤이안 시대에 불타 버린 영검을 다시 주조할 때 가모노 야스노리와 아베노 세이메이가 「오제제(五帝祭)」(26p)를 지냈는데 이는 이러한 전설의 신들과 왕의 힘을 내려 검에 깃들게 하고자 한 것이다.

세계의 주요 사건 | 함무라비 법전

기원전 1792년, 바빌로니아의 왕이 된 함무라비는 아시리아를 정복하고 메소포타미아를 통일했다. 또 「눈에는 눈, 이에는 이」로 알려진 「함무라비 법전」을 제정했다. 이 법전 제정에는 과도한 보복을 금지한다는 목적도 있었다.

재이(災異)는 황제의 행실의 결과

천제가 황제에 대한 징벌로서 자연계의 재이를 일으킨다	재이설 (천인상관설의 일종)의 사고 방식	천제 (천지만물을 지배하는 신)의 의지

↑

황제가 하늘의 의지를 거슬러 악정을 행한다

↓

점으로 읽어낸다

황제 (시정자)가 천제의 의지를 대행하여 정치를 한다

고대 중국 유교에 편입된 음양오행설

동중서의 천인상관설

천인상관설이란 하늘의 기운의 움직임인 천재지변이나 자연의 서조 등이 모두 음의 사람의 기운인 황제의 행동과 감응하고 있는 것이라는 이론이다

재해는 하늘의 시정자에 대한 징벌이다

동중서(기원전 176~104경)

중국, 전한의 유학자. 공양춘추학을 익히고 경제 시기에 박사가 되었다 다음 무제의 시기에 제자백가를 물리치고 유교를 유일한 정통사상으로 삼아야 한다고 진언하여 유교가 국교가 되었다 중국 2천년의 관학의 방향을 정했다고 여겨진다

기원전 4세기의 음양가인 추연은 오행도 음양도의 태극도처럼 순환한다는「음양오행설(陰陽五行說)」의「오행상극(五行相克)」을 주창했다. 그리고 훗날 전한의 유흠이「오행상생」을 주창하였으며 또 이에 십간십이지를 합친「육십간지(六十干支)」를 조합하면 이 세상의 모든 것을 설명할 수 있다는 것을 넘어 미래를 알 수도 있다는 사상이 생겨났다.

이윽고 이 발상은 유교에도 편입되었는데「괴력난신을 논하지 말라」고 주창한 유교의 선조인 공자도 음양오행설을 무시하지는 않았다. 공자가 이상으로 삼은 성인도 천도가 이끄는 길을 아는 자여야 한다고 했기 때문이다.

그런 유교와 음양오행설을 완전히 연결시킨 이가 바로 전한의 무제를 섬긴 동중서다. 황제가 덕이 없어 실정을 저지르면 백성의 불만이 음양오행의 올바른 순행을 흐트러뜨려 천제가 황제를 징벌하기 위해 재해를 일으킨다는, 하늘과 인간을 이은「천인상관설(天人相

소인이 음양오행설을 아는 것은 좋지 않다

정치에서의 음양오행설의 이점을 깊이 알고 있었던 유학자들은 그것의 결점도 잘 파악하고 있었다. 「사기」를 편찬한 사마천의 아버지인 사마담도 음양가의 설은 「사계의 순환의 질서를 세운다」는 점은 장점이나 「사건의 전조를 중시하여 금기가 많으며, 인간을 구속하여 공포심을 품게 한다」며 결점을 지적했다.

사마천(司馬遷, 기원전 145~기원전 86경)

자는 자장. 섬서성 한성 출신. 아버지 사마담이 죽을 때 고대에서 당시까지의 역사의 저작을 사마천에게 맡겼다. 기원전 99년, 한의 장군 이릉이 흉노와 싸워 패하고 포로가 되었는데 당시 태사령인 사마천이 이릉의 용감함을 높이 사 변호하여 무제의 분노를 샀다.

궁형(거세형)을 당했으나 몇 년 뒤 출소하여 생애를 들여 「사기」 130권을 완성시켰다

추연의 오덕종시설
(五德終始說)

음양가인 추연은 오행을 왕조의 덕과 연결하여, 그 덕이 바닥날 때는 「오행상극」의 이치대로 다음 오행의 왕조가 선다는 왕조 교체설, 즉 오덕종시설도 설파했다. 그 사고방식에 따르면 주 왕조는 화덕을 지녔으며 이를 멸망시킨 진은 「불을 이기는」 수덕을 지니고 있었다고 한다.

목·화·토·금·수의 요소를 지닌 왕조가 순환한다

추연(鄒衍, 기원전 305~기원전 240경)

중국 전국시대의 사상가 산동성 출신. 맹자의 영향을 받아 음양오행설을 주창했다. 당시의 중국은 적현신주라는 작은 주이며 세계의 81분의 1 밖에 되지 않는다는 「대구주설(大九州說)」을 주창했다

關說)」을 주창하여 유교의 신비성을 높이는 데 성공했다. 그리하여 역대의 황제는 천문을 관측하고 음양오행의 운행을 먼저 알고 미래의 길흉을 아는 데에 힘을 쏟았다.

세계의 주요 사건
카이사르 암살

로마의 율리우스 카이사르(줄리우스 시저)는 갈리아 원정, 이집트 원정 등에서 승리하여 절대적인 권력을 쥐게 되었다. 이에 위기를 느낀 브루투스 일행에 의해 암살당했는데 그때 내뱉은 「브루투스, 너마저」라는 말도 유명하다.

나카노 오오에 황자와 나카토미노 가마타리의 만남이 시대를 바꾸었다

나카노 오오에(中大兄) **황자**(626~671)

훗날의 덴지(天智) 천황

나카토미노 가마타리
(614~669)

훗날의 후지와라노 가마타리(藤原鎌足)

신발

공

민(旻, ?~653)

귀국 후 불교계의 지도자적 지위에 섰다. 다카무코노 구로마로(高向玄理)와 함께 국박사가 되어 정책을 입안했다.

호족의 아이 나카토미노 가마타리는 소가씨에 대한 불신 때문에 같은 마음을 품은 나카노 오오에 황자와 친교를 다지고 싶었다. 『일본서기(日本書紀)』에 두 사람이 만난 유명한 에피소드가 있다. 고교쿠 3년(644)의 아스카데라의 케마리 모임에서 황자가 케마리에 푹 빠져, 공을 찰 때 너무 세게 차서 신발이 벗겨졌다. 그 신발을 주워 황제에게 건넨 이가 가마타리였다고 한다.

아스카 시대
(6~7세기)

승려 민과 나카노 오오에 황자

역 도, 천문, 지리서, 둔갑방술 등 당시의 최신지식을 적극적으로 습득했던 스이코조에서는 백제를 경유하지 않고 직접 중국(당시에는 수. 618년부터 당이 된다)에 사자와 학생을 파견하여 배우게 하였다. 이것이 견수사, 견당사였다.

민은 오노노 이모코(小野妹子)를 필두로 한 스이코 천황 16년(608)에 견수선에 타 수로 건너간 뒤 24년 후의 조메이(舒明) 천황 4년(632)에 당에서 일본으로 귀국한 승려다.

조메이 천황 9년(637)에 동에서 서쪽 하늘로 커다란 빛의 덩어리가 흘러가 번개와도 같은 소리를 낸 적이 있었는데, 승려 민은 『사기 천문서(史記·天文書)[1]』의 기록에서 「이것은 아마츠키츠네라는 것으로, 그 울음소리가 번개를 닮았습니다」라고 최신 지식을 피로하였으며, 그 2년 뒤에 하늘에 혜성이 나타났을 때도 「이것은 혜성이라 하여 기근의 징조입니다」라고 하였는데 이쪽은 당나라의 『천문요록(天文要錄)[2]』에 따라 답한 것이다.

이러한 최신의 천문지식을 갖춘 민은 나카노 오오에 황자(훗날의 덴지 천황)나 나카토미노

※1 전한의 학자 사마천이 기원전 2세기 후반에 편찬한 중국 역사서 『사기』의 천문학에 관한 부분.

민과 견수사

승려 민과 함께 수로 건너간 오노노 이모코는 당시의 수나라 황제인 양제에게 「해 뜨는 곳의 천자가 해 지는 곳의 천자에게 글을 보내노라」라는 국서를 건넸다고 한다. 일반적으로 이 국서는 쇼토쿠 태자(우마야도 황자)가 보냈다고 여겨지나 이 내용이 적혀 있는 『수서(隋書)』에는 발송인의 이름은 없고 가져온 사람도 사자라고만 적혀 있어 오노노 이모코였는지 아닌지 확실하지 않다.

견수사의 루트

나니와즈

장안

견수사는 중국과 일본의 기록에 차이가 있으나, 세 번인가 네 번 파견되었다

오노노 이모코(생몰년 미상)

7세기 전반의 호족. 일본 최초의 견수사. 609년 귀국 후의 소식은 불명이다

화구는 요괴의 울음소리

2020년 7월 2일, 관동 상공에 거대한 빛의 공이 떨어지며 동시에 이곳저곳에서 「폭발음 같은 소리가 들렸다」고 SNS가 떠들썩했다. 이것이 승려 민이 말한 「아마츠키츠네」로, 현대에는 「화구」라 불리는 것이다. 번개와 같은 폭발음은 화구가 내는 충격음(소닉붐)이다.

화구란 소행성의 파편 등이 대기권에서 불타오르를 때 빛나는 현상

아마츠키츠네(天狗)

중국의 지리서 『산해경』에 그려진 아마츠키츠네. 「너구리와 같으며 머리가 희다」고 묘사되었다

가마타리(후지와라노 가마타리, 후지와라씨의 시조)에게 『주역』을 가르치는 등으로 신뢰를 쌓고, 다이카 개신 때는 국박사로 취임하여 나라의 브레인이 되었다.

세계의 주요 사건
정관의 치

수가 멸망하고 당이 건국된 뒤 2대 황제가 된 태종 이세민(太宗 李世民)은 중앙집권화를 강화하여 율령제를 정비하고 과거 등의 인재 등용 제도도 발전시켰다. 이 이세민의 치세를 「이상」으로 삼았기 때문에 「정관의 치」라는 말이 생겨났다.

지식인이 유입하는 계기가 된 백강 전투

아스카 시대
(7세기)

처음으로 물시계를 만들다

당 육군

고구려 (668년 멸망)

(660년 멸망)
백제

당 수군

신라 (676년 한반도 통일)

신라군

백강

나니와즈

일본군

덴지 천황(626~671)

663년 8월, 한반도 남서부의 백강 하류에서 당·신라군과 백제·일본군 간에 벌어진 전투. 660년 나당연합군이 백제를 공격해 멸망시켰다. 귀실복신을 중심으로 하는 백제부흥군은 일본에서 왕자 부여풍을 불러들여 왕으로 옹립했다. 다만 그런 보람도 없이 백제 하구에서 백제·일본군은 신라군에게 패했다. 그 결과 백제부흥의 움직임은 붕괴. 일본은 다자이후를 중심으로 산성을 많이 짓고 방인을 두는 등의 대외방비를 강화했다.

7세기의 천황. 나카토미노 가마타라와 함께 645년, 소가노 에미시·이루카 부자를 물리치고 신정권을 수립했다. 세습적인 관료제를 개편하고 다이카 개신을 추진했다.

즉 위하기 전부터 민에게 『주역』을 배우는 등 중국의 최신기술을 받아들이는 데 열심이었던 덴지 천황은 일본에 처음으로 학교(이후의 대학)와 누각(물시계)을 만들고 종고를 울려 시각을 알리기를 시작한 인물이기도 했다.

이러한 일이 가능했던 배경으로는 당시 한반도에서 무수한 망명자가 넘어와 고도의 기술과 이를 운용할 수 있는 인재가 갖춰진 것을 들 수 있다. 사이메이(齊明) 천황 6년(660)에 멸망한 백제는 덴지 천황 2년(663)에 일본의 지원을 받고 백강에서 싸웠으나 패배하여, 국가의 재흥은 절망적인 상황이 되었다. 또 5년 뒤에는 고구려도 멸망했기 때문에 나라를 잃은 백제인과 고구려인이 단번에 한반도에서 일본으로 도망쳐 왔다. 이러한 망명자 중에는 의사나 오경, 음양술수 등의 전문가도 많이 있었다. 덴지 천황 10년(671)에는 백제의 귀족들 60명 정도가 일본의 관위를 받았다는 기록이 남아 있어 이를 뒷받침하고 있다. 참고로 덴지 천황은 황자 시절(나카노 오오에 황자)에 소가노 이루카를 암살한 을사의 변과 그 뒤의

덴지 천황이 만든 물시계

　나라현 아스카촌에서 발굴된 미즈오치 유적은 덴지 천황이 개발한 누각과 그 부속기관이었음이 판명되었다. 중앙에는 자연석으로 만들어진 정사각형의 기단이 있으며 그 안에는 누각으로 추측되는 옻칠이 된 상자가 놓여 있었다. 상자에 물을 모으기 위한 도랑이나 동관 등도 발견되었다.

누각의 구조란

　누각(漏刻)이란 물시계를 뜻하는 말이다. 조금씩 높이를 낮춘 수조를 네 개 늘여놓고 위에서 일정량의 물을 흘린다. 마지막 수조에는 눈금이 달린 나무 화살을 수직으로 세워 둔다. 물이 차 있는 정도에 따라 떠 있는 화살의 눈금을 보고 시각을 알아낼 수 있는 구조다. 그러나 겨울 등에는 물이 얼어버리기도 하는 탓에 측정하기 힘들었다고 한다.

종을 울려 시각을 알렸다고 추측된다

당의 여재라는 인물이 실용화한 사단식 누각. 사이펀의 원리를 이용했다

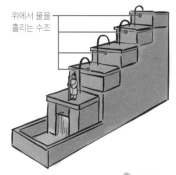

위에서 물을 흘리는 수조

집에서도 컵과 빨대를 이용하여 누각의 구조를 재현할 수 있다

　다이카 개신으로 유명한데, 이「다이카(大化)」도 일본의 첫 연호로 덴지 천황이 대륙 문화의 도입에 적극적이었다는 것을 증명한다.

세계의 주요 사건
현장삼장(602~664)

　당의 승려였던 현장은 불전을 배우기 위해 밀출국하여 천축(인도)을 향해 긴 여행에 나서서 정관 19년(645)에 대량의 불전과 함께 당으로 돌아왔다. 참고로「삼장(三藏)」이란「경장(經藏), 율장(律藏), 논장(論藏)」의「삼장」에 정통한 승려라는 의미다.

아스카 시대
(7세기)

관료
음양사의
탄생

덴무 천황은 음양료를 만들고 일본 최초의 점성대를 건조했다. 점성대는 지금 일본에는 남아 있지 않지만 신라 시대에 왕성이 있었던 땅, 한국 경주에는 첨성대가 남아 있다. 기초 부분의 직경 5m, 높이가 9m인 거대한 대다

9m

5m

덴무(天武) 천황(?~686)

제40대 천황. 누카타노오오키미(額田王)의 사랑을 둘러싸고 형인 덴지 천황과 싸웠다는 전승은 수많은 작품의 모티브가 되었다. 덴무 천황의 특기였던 점술 「둔갑(遁甲)」은 「기문둔갑(奇門遁甲)」이라고도 하며 중국의 전설의 제왕인 요, 순 시대에 재상을 맡았던 풍후가 만들었다고 한다. 이는 원래 병법으로서 고안된 점술로, 이 술법에 능했던 덴무 천황이 임신의 난에 승리한 것은 당연한 일이었을지도 모른다

덴 지 천황의 동생이며 그의 사후 덴지의 아들인 오오토모(大友) 황자와 「임신의 난(壬申の乱)」에서 싸워 이겨 즉위한 덴무 천황은 젊었을 때부터 「천문과 둔갑(점술의 일종)」에 능했다」고 한다. 「임신의 난」 때에도 요시노에서 이세로 향하던 도중, 길이 십여 장 정도의 검은 구름이 하늘을 뒤덮는 것을 보고 스스로 식(점술 도구, 식반을 말하는 듯)을 사용하여 점을 쳐 「천하가 둘로 갈라질 징조이나, 마지막에는 내가 천하를 쥔다」는 결과를 얻고 그 점괘대로 승리했다.

이처럼 천문과 점에 정통했던 덴무 천황이었으니 즉위한 뒤 이를 정치에 살리고자 한 것은 당연한 일이었다. 『일본서기』의 덴무 천황 4년(675)에는 대학료의 학생들이나 외약료※와 함께 음양료가 천황에게 약이나 진귀한 보물을 헌상하였다고 적혀 있는데 이것이 음양료가 기록에서 처음으로 등장한 부분이며 덴무조에 관료로서의 음양사가 생겨났음을 의미한다. 또 같은 해 「처음으로 점성대를 세웠다」고 적혀 있으며 덴무 천황이 천문관측을

음양료의 위치

음양료는 중무성의 하부조직으로 헤이안쿄에서는 대궁궐의 동남부에 설치되었다. 중무성은 동서 57장(약170m), 남북 37장(약111m)의 규모를 지녔으며 중무성의 정청 북쪽에 문관인 우도네리(內舍人), 출납계인 겐모츠(監物), 에키레이(駅鈴), 덴푸(伝符)의 날인을 관리한 레이이쓰(鈴鎰)가 있었으며 음양료는 중무성의 정청 동쪽, 레이이쓰의 남쪽에 있었다.

음양료에는 정청 외에도 천문관측을 하기 위한 천문대나 누각 등이 설치되었으며 시간을 알리기 위한 종루와 고루도 있었다. 세이 쇼나곤은 『마쿠라노소시』에서 궁녀들이 음양료의 고루에 오르는 것을 「가슴 졸여지는 일」이라고 적었다.

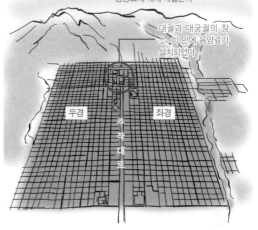

헤이안쿄의 부감도

아스카궁은 이미 소실되었으며 그 시대의 음양료에 대한 기록은 남아 있지 않다. 여기서는 헤이안쿄(794~869까지 수도)에 있었던 음양료에 대해 해설한다

대궐과 대궁궐의 장소, 이 안에 음양료가 설치되었다

우경

좌경

주작대로

덴무조에서는 「붉은 색」이 있는 서조의 의미가 중요시되었다. 한의 고조 유방이 한을 화덕…붉은 색의 나라라고 칭한 전설에서 따와 덴무 천황이 자신을 유방에 겹쳐 보았기 때문이라고 한다

주조(주작)

부활한 원호

일본 첫 원호인 「다이카(大化)」는 중국 문화를 받아들이는 데 적극적이었던 나카노 오오에 황자에 의해 탄생하였는데 그 뒤의 「하쿠치(白雉)」 이후 정해지지 않고 끊겨 있었다. 이를 부활시킨 것이 덴무 천황으로 죽기 전에 「슈초(朱鳥)」라는 원호를 정했다. 붉은 색은 덴무 천황의 길조였기 때문에 이때 병을 얻은 덴무 천황은 원호의 힘으로 질병 쾌유를 빌었던 것일지도 모른다. 그러나 그 바람은 이뤄지지 않고 슈초 원년 9월 9일에 타계했다.

국가사업으로서 본격화시켰다는 것도 알 수 있다.

나라현 아스카촌에 있는 다카마쓰총 고분이나 기토라 고분은 7세기 말부터 8세기 초에 만들어진 것으로 그 안에는 정확한 성수도와 천문도가 그려져 있는데 이는 덴무조 이후, 천문관측에 기반을 둔 지식이 귀족들 사이에도 퍼져 있었다는 뜻일 것이다.

세계의 주요 사건
무측천의 즉위

당의 태종의 후궁으로 들어가고 태종의 아들인 고종에게도 총애를 받아 황후가 되었다. 고종 사후 천수 원년(690), 중국의 유일한 여제로 즉위하였다. 그러나 15년 후 당 부활의 기운이 고조되어 퇴위했다.

중국과 일본의 비교(8세기 이후)

천문과 달력을 중시한 중국, 점을 중시한 일본

천문과 달력으로 판단하는 것이 중요

점으로 국정을 결정하자

당의 제도는 상급기관인 육성과 실무를 담당하는 하급기관인 구사·오감(五監)으로 나뉘었다. 육성(六省)이란 상서성(尙書省), 중서성(中書省), 문하성(門下省), 비서성(秘書省), 전중성(殿中省), 내시성(內侍省)을 가리키며 이 비서성 아래에 천문과 달력을 담당하는 태사국이 있었다. 한편 구사(九寺)는 태상사(太常寺), 광록사(光祿寺), 위위사(衛尉寺), 태복사(太僕寺), 대리사(大理寺), 홍로사(鴻臚寺), 종정사(宗正寺), 사농사(司農寺), 대부사(大府寺)를 가리키며 점을 담당하는 태복서는 예악과 제사를 담당하는 태상사의 밑에 놓였다

일본의 다이호 율령[※1]은 당의 제도를 모방하여 만들어졌으나 중무성[※2] 아래에 놓인 음양료가 음양(점), 천문과 달력, 누각(시계)의 네 부문을 관할하고 있다는 점은 당의 제도와 달랐다. 당의 제도에서는 천문과 달력, 누각은 비서성 아래의 태사국이, 점은 태상사 아래의 태복서가 담당하며 둘은 완전히 별개의 조직이었다. 그에 더해 인원수를 비교하면 태복서가 90명 정도인 것과는 달리 태사국의 직원은 천 명 가까이에 이르러, 규모로 보아도 천문과 달력, 누각 쪽이 압도적으로 중시되었음을 알 수 있다.

이에 반해 일본의 음양료에서는 점 부문에 45명, 달력 부문에 11명, 천문 부문에 11명, 누각 부문에 22명으로, 점이 가장 중시되었음을 알 수 있다. 이는 네 부문을 관할하는 성청의 이름이 「음양료(陰陽寮)」라는, 점술을 의미하는 「음양(陰陽)」의 이름을 걸고 있다는 것만 보아도 명백하다. 음양료는 「우라노츠카사」, 그 장관인 「음양두(陰陽頭)」는 「우라노카미」라고도 불렸으며 일본에서는 「우라(점)」야말로 직무의 중심이었던 것이다. 「음양사(陰陽

일본과 당의 비교도

일본의 율령제는 우선 제사를 담당하는 신기관과 정무를 담당하는 태정관으로 나뉘며, 태정관 아래에 여덟 개의 성이 놓였다. 천황의 미코토노리(詔)를 작성하는 중무성은 그중에서도 가장 중요한 기관으로 음양료는 그 중무성의 하부조직이었다.

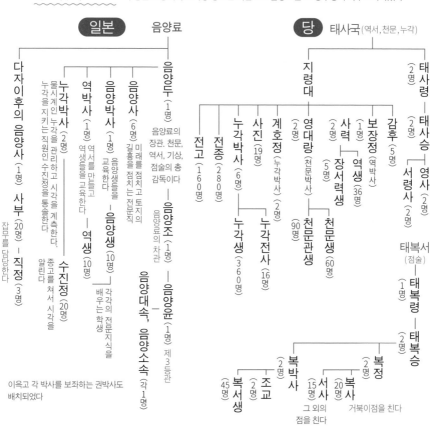

일본 음양료

- 다자이후의 음양사 (1명)
- 사부 (20명) — 직정 (3명) / 잡무를 담당한다
- 누각박사 (2명) / 물시계인 누각을 관리하고 시각을 계측한다
- 수진정 (20명) / 종고를 쳐서 시각을 알린다
- 역박사 (1명) / 역서를 만들고 역생을 교육한다 — 역생 (10명)
- 음양박사 (1명) / 음양생을 교육한다 — 음양생 (10명) / 각각의 전문지식을 배우는 학생
- 음양사 (6명) / 미래를 점치고 토지의 길흉을 점치는 전문직
- 음양두 (1명) / 음양료의 장관. 천문, 역서, 기상, 점술의 총 감독이다
- 음양조 (1명) / 음양료의 차관
- 음양대속, 음양소속 (각 1명)
- 음양윤 (1명) 제3등관

이옥고 각 박사를 보좌하는 권박사도 배치되었다

당 태사국(역서,천문,누각)

- 지령대
- 전고 (160명)
- 전종 (280명)
- 누각박사 (6명)
- 누각생 (360명)
- 사진 (19명)
- 누각전사 (16명)
- 계호정 (누각박사) (2명)
- 영대랑 (천문박사) (2명)
- 천문관생
- 천문생 (60명)
- 장서력생 (90명)
- 사력 (2명) — 장서력생 (5명)
- 보장정 (역박사) — 역생 (36명)
- 감후 (5명)
- 태사령 (2명)
- 태사승 (2명)
- 영사 (2명)
- 서령사 (2명)

태복서 (점술)
- 태복령 (1명)
- 태복승 (2명)
- 복정 (2명)
- 복박사 (2명)
- 서사 (15명) / 그 외의 점을 친다
- 복사 (20명) / 거북이점을 친다
- 복서생 (45명)
- 조교 (2명)

師)」(또는 「온묘지」)란 점을 치는 음양 부문을 담당하는 정원 6명의 관직명이었으나 헤이안 중기에는 음양료의 관인 모두가 「음양사」라 불리게 되었다.

세계의 주요 사건
안사의 난(755~763)

당의 9대 황제 현종(玄宗)의 치세 전반은 「개원의 치」라 불리는 평화로운 세상이었으나 후반은 양귀비에 푹 빠져 정치를 돌아보지 않게 되어, 절도사인 안록산(安祿山)이 너무 크게 권력을 쥔 탓에 「안사의 난」이라는 대규모의 반란이 일어나 버렸다.

※1 일본 고대의 법전. 형벌을 적은 율은 702년, 행정법인 영은 701년에 시행되었다
※2 천황에 시종하며, 칙명의 초안 작성이나 외부로의 전달을 맡는 성

국가에 의한 음양사 관리 강화

너무해!

승니령

아스카 시대
(8세기)

승려가
점치는
것을
금지하다

이러한 승려를 음양도에서 떼어놓고자 한 의도는 결과적으로 잘 들어맞지 않아 승려와 음양도는 더 깊이 연관되었다

「승니령」은 다이호·요로 율령의 단락 중 하나. 전27조이다. 「취동자조(取童子条)」라는 신변 관리를 하는 소년을 고용할 수 있지만 17살이 되면 고향으로 돌려보내야 한다고 적혀 있는 조례나, 절의 승방에 부녀를 머물게 하고 비구니의 방에 남자를 머물게 하면 벌을 받는 등, 승려의 행동규범이 상당히 자세하게 정해졌다

음양도에 정통한 덴무 천황 시대가 되면 『일본서기』에도 천문의 이변이나 음양사에 의한 상지(10p)의 기록 등이 빈번하게 나오게 된다. 그러나 이 시절에 활약한 음양사는 대부분 승려로, 보통 백제나 고구려에서 망명해 온 사람이 많았다. 음양사가 습득해야 하는 천문과 상지, 다양한 점의 기술은 당시의 최첨단 지식으로, 기초학문 없이 모든 것을 배우기는 어려웠다. 그러나 당시의 승려는 아내를 두지 못했으며 아무리 우수한 인물이었다 하더라도 그 자가 죽으면 지식이 단절될 우려가 있었다. 그래서 몬무 천황 다이호 원년(701)에 「승니령(僧尼令)」이 발표되어 승려가 「현상(하늘)을 보고 거짓으로 재상(災祥)을 논하는」 것이나 「길흉을 점치는」 일을 금지하는 한편 음양료의 학생을 채용하는 데는 「우선 점씨 및 세습인 자를 받고, 이후 서자이며 13세 이상 16세 이하의 총명한 자를 뽑는다」고 하였다. 음양도의 지식을 지닌 승려들이 그 지식을 이용하여 멋대로 점을 치는 일은 권력자에게 위협이 되었으며 이 금지령은 음양도를 국가가 독점하기 위한 것이었다. 또 음

음양관료의 명가 오쓰씨

후지와라노 나카마로의 난을 밀고하여 대출세한 나라 시대의 오쓰노 오우라(50p)의 오쓰씨는 음양사의 일족으로서 이름이 높았다. 그 일족에는 와도 7년(714)에 환속하여 음양두까지 출세한 승려 기호(義法, 오쓰노 오비토)나 날씨를 점쳐 상을 받은 음양윤인 오쓰노 우미나리 등이 있다.

오쓰노 오비토
(大津意毘登)

오쓰노 우미나리
(大津海成)

오쓰노 오우라의 일족은 대대로 음양료의 관료를 배출하는 가문이기도 했다

재미있는 「승니령」의 예

① 승려가 천문을 관측하고 길상이나 재앙을 논하고, 국가를 이야기하고, 대중을 현혹하고, 병법서를 습독하고, 살인이나 강간을 저지르거나, 성도를 깨달았다고 사칭하면 법률에 따라 관리에게 넘겨 죄를 묻는다

② 비구니가 길흉을 점치거나 기도로 병을 고치거나 하면 환속시킨다

③ 승려와 비구니가 음악을 즐기거나 도박을 하거나 하면 백일간의 고역에 처한다. 바둑과 거문고는 허용된다

양료의 관료 자리에 세습으로 배운 자를 우선적으로 채용하여 음양사의 지식 습득을 쉽게 하고자 하는 의도도 있었다.

승려들을 환속시키고 음양사로

다이호 율령의 승니령이 시행된 해, 음양료의 관료였던 승려인 에요(惠耀), 신조(信成), 토로(東樓)의 셋이 환속을 강요받아 로쿠노 에마로(角兄麻呂), 고킨조(高金藏), 오츄몬(王中文)이라는 원래의 이름으로 돌아갔으며 2년 후에는 달력의 계산에 능했던 승려인 류칸(隆觀)도 환속하였다. 국가는 음양도와 승려의 단절을 꾀했을 뿐만 아니라 이미 음양도에 관한 지식을 지닌 승려를 잇달아 환속시켜 음양료에 편입시켰다.

승려음양사가 읊은 구절

아마노 사구메
(天の探女)

바위 배

로쿠노 에마로의 와카 작품은 『만요슈(万葉集)』에 네 편이 수록되어 있다. 로쿠마로와 동일인물이라고도 한다. 『하늘에서 온 사구메 돌로 된 배가 정박했던 다카쓰 수심 얕아졌다네(ひさかたの天の探女が岩船の泊てし高津はあせにけるかも)』(만요슈 292번)이라는 와카가 유명하다. 「아마노 사구메(고사기에 등장하는 여신)가 타고 온 바위 배를 세울 수 있을 만큼 크고 깊었던 다카쓰도 어느새 얕은 물이 되어버렸구나」라는 의미이다

세계의 주요 사건

카를 대제(742~814)

768년 피핀 3세의 뒤를 이어 즉위한 카를 대제는 적극적으로 대외원정에 나서 서유럽의 대부분을 세력 하에 둠으로써 프랑크 왕국의 전성기를 이룩했다. 800년에는 로마 제국의 황제로서 대관을 받았다.

최첨단의 과학 기술 집단이었다

음양사와 주금사는 이윽고 하나가 되었다

주술을 부린 전약료의 주금사

주금도는 서서히 쇠퇴하여 음양도에 흡수되어간다. 10 세기 초경「주금사」는 소멸하고 그 역할은 음양료에 흡수 합병되었다

최신 과학기술 (점술도 포함)을 취급하는 집단이었던 초기의 음양사

「주금도」를 흡수하여 음양사는 주술적 역할도 맡게 된다

전약료(典藥寮, 쿠스리노츠카사)는 율령제 중 의질령으로 제정된 기관으로 궁내성에 속한다. 의료를 담당하며 의사 교육이나 조약을 담당하는 부서이다. 소속된 의료 기술자는 의사 10명, 침술사 5명, 안마사 2명, 그리고「주금사(呪禁師)」가 2명으로, 주금사는 주술로 재액을 떨쳐내는 사람을 뜻한다. 둘 중 우수한 쪽이 주금박사가 되어 학생을 교육했다.「주금도(呪禁道)」란 일본에서 전해지는 음양오행사상을 배경으로 한 주법이다. 엔노 오즈누와 사제관계였던 가라쿠니노 무라지히로타리는 주금사로, 장관인 전약두까지 올랐다

다 이호 율령으로 음양료의 관리, 즉 국가 관료였던 음양사들은 의무적으로 1년에 240일 이상 출근해야 했다. 그러나『정창원문서(正倉院文書)』의 단간(斷簡)※에 따르면 천문, 산술, 상지, 점(태일·둔갑·육임식)에 정통한 음양사인 고킨조는 한 해에 309일 출근했다. 주역과 산술, 점술(접서·태일·둔갑·육임식)에 정통한 음양박사인 로쿠노 에마로는 한 해에 280일. 천문, 산술, 상지, 점술(태일·둔갑·육임식)을 주로 했던 천문박사인 오츄몬은 한 해에 270일로, 모두 할당량 이상 출근했다. 아스카 시대 후반부터 나라 시대에 걸쳐 관료로서의 음양사들의 수요는 높아 바쁜 나날을 보냈음을 알 수 있다.

그러나 나라 시대의 음양사의 기술에는 주술이나 하라에, 제사에 관한 내용이 거의 등장하지 않는다. 이는 나라 시대에 주금이나 제사가 벌어지지 않았던 것이 아니라 당시에는 하라에나 제사는 신기관이나 전약료의 주금사의 역할이라 여겨졌기 때문이다. 나라 시대의 음양료는 어디까지나 당시 최신의 과학기술을 취급하는 집단이라고 인식했을 것이

음양료의 교과서

덴표호지 원년(757) 음양료의 관료가 배워야 하는 텍스트가 정해졌다. 그에 따르면 점술을 배우는 음양생은 『주역』, 『신선음양서』, 『황제금궤』, 『오행대의』를 배우며, 천문을 배우는 천문생은 『사기·천관서』, 『한서·천문지』, 『삼가부찬』, 『한양요집』을 배운다.

천문생의 교과서

사기·천관서 (史記·天官書)

사마천의 『사기』에 수록된 천문에 관한 문서와 그림. 태양과 별, 기상 이상이나 별점까지 폭넓게 기록되어 있다.

한서·천문지 (漢書·天文志)

반고(班固), 반소(班昭)가 편찬한 『한서(漢書)』에 수록된 천문에 관한 서적. 재이의 해석 등도 적혀 있으나 미완.

진서·천문지 (晉書·天文志)

방현령(房玄齡), 이연수(李延壽) 등이 편찬한 『진서(晉書)』에 수록되어 있으며, 천문지는 상중하의 세 권이 있다.

삼가부찬 (三家簿讚)

중국의 석씨(石氏), 감씨(甘氏), 무함(巫咸)의 세 가문에 의해, 성좌를 적, 흑, 황색으로 나누어 도식화한 별의 견본 서적. 와카스기 가문서에 남아 있다.

한양요집 (韓楊要集)

한양(韓楊)이 편찬한 『천문요집(天文要集)』을 뜻한다. 천문생이 배워야 할 기본 텍스트였다.

음양생의 교과서

주역 (周易)

주의 문왕이 만들었다는 역에 따른 점술 교과서. 팔괘를 겹친 육십사괘에 따른 해석이 적혀 있다.

신선음양서 (新撰陰陽書)

제작년도 저자도 불명. 음양사에게 필요한 점술의 기초가 적힌 교과서.

황제금궤 (黃帝金匱)

제작년도 저자도 불명. 도교의 문헌이나 황제가 가르쳤다는 「금귀」와 「옥형」의 두 장으로 구성된 점술서.

오행대의 (五行大義)

수의 소길이 편찬한 고금의 음양오행설을 모은 집대성 교과서. 중국에서는 일찍이 없어지고 일본에만 남았다.

발굴된 헤이안쿄의 인형

전약료의 주금사들은 병을 치유할 때 얇은 나무로 만든 인형을 사용했다. 헤이조 궁궐의 동쪽에는 큰 하수구가 있었으며, 그곳에서 「좌목병작 금일(左目病作 今日)」이라 적힌 인형이 발굴된 것으로 보아 궁궐에서 근무하는 관리가 왼눈에 병이 생겨 전약료의 주금사를 통해 병을 인형에 옮겨서 병을 치료하고자 했다는 것을 알 수 있다.

인형은 누군가를 저주하는 데도 쓰였으나 대역으로서 죄나 더러움을 옮기는 것으로 병을 치료하는 데도 쓰였다

다. 그러나 헤이안 시대가 되어 이러한 신기관의 제사나 전약료가 벌이던 주법은 음양사가 치르는 하라에나 제사, 반폐나 미가타메로 대신하게 되었다.

※ 조각조각 남아 있는 문서.

산해경

헤이안 말기. 다이라노 기요모리에게 신임을 받아 종삼위까지 출세한 미나모토노 요리마사는 고노에 천황의 어소를 어지럽힌 「누에(鵺)」를 퇴치한 무장으로서도 알려져 있다. 「누에」란 머리가 원숭이, 몸통이 너구리, 손발이 호랑이, 꼬리가 뱀이라는 이형의 요괴다. 매우 무시무시한 생물인데, 중국의 『산해경(山海經)』에서는 이러한 무척이나 신비로운 모습을 한 이형의 생물을 많이 소개하고 있다. 『산해경』이란 고대 중국의 각지의 동식물과 광물 등이 적힌 서적으로, 세계에서 제일 오래된 지리서라고도 하는데, 현재의 우리가 떠올리는 지리서와는 거리가 멀며 특히 사람이나 동물의 소개는 괴물의 온퍼레이드라 할 수 있다.

예를 들어 새와 같은 머리와 뱀의 꼬리를 지닌 「선귀(旋龜)」라는 검은 거북이나. 비늘이 나있는 소의 모습을 띠며 날개가 달린 「육(鯥)」이라는 물고기. 등에 눈이 있으며 귀가 네 개, 꼬리가 아홉 개 달린 「박이(猼訑)」라는 양을 닮은 생물. 또 「적유(赤鱬)」라는 사람의 얼굴을 한 인면어와 같은 물고기 등 신화나 이야기에만 등장할 만한 기묘한 생물이 줄줄이 소개되어 있다.

그 외에도 『산해경』의 영향을 받은 듯한 「도철(饕餮)」, 「혼돈(渾沌)」, 「도올(檮杌)」, 「궁기(窮奇)」 등의 「사흉」처럼. 고대 중국에는 신비한 모습을 한 생물이 많이 전해내려 오며 일본의 요괴나 괴물, 백귀야행의 이미지 등에 영향을 주었다고 여겨진다.

도철 (饕餮)

몸이 소나 양과 같고 얼굴은 인간, 호랑이의 이빨이 자라나 뭐든 먹어버리는 맹수였으나 훗날 이것이 「마를 먹는다」고 하여 퇴마용으로 쓰여 은대나 주대의 청동기의 문양에 많이 그려져 있다

혼돈 (渾沌)

개와 같은 긴 털이 자라나고 발톱이 없는 다리는 곰과 같으며 눈은 있지만 보이지 않고 귀도 있는데 들리지 않고 자기의 꼬리를 물고 빙글빙글 도는, 선한 사람을 싫어하는 기묘한 생물로 그려졌으나 훗날 『장자(莊子)』의 에피소드에서 머리도 눈도 코도 입도 없으며 여섯 개의 다리와 네 개의 날개가 자라났을 뿐인 유머러스한 모습으로 그려지는 경우가 많아졌다.

도올 (檮杌)

호랑이의 몸에 인간의 얼굴, 멧돼지의 이빨을 지닌 짐승. 거만하고 완고한 성격으로 황야 속을 날뛰며 싸울 때는 물러서지 않고 죽을 때까지 싸운다. 언제나 천하를 어지럽히는 것을 생각한다.

사흉 (四凶)

궁기 (窮奇)

날개가 달린 호랑이로 인간을 먹는다거나 고슴도치처럼 바늘로 뒤덮인 소로, 울음소리가 개와 같다는 생물이라고 적혀 있다

음양도와
음양사의
역사 Ⅱ

헤이안 시대에 황금기를 맞이한 음양사. 시행착오를 거듭하며 연명해가는 가모씨과 아베씨의 두 음양사 가문. 이윽고 서양에서 들어온 그레고리력의 등장으로 서서히 음양도는 쇠퇴해간다. 1870년(메이지 3년)에 정부에서 음양도를 금지할 때까지 음양사는 일본을 그늘에서 지탱해왔다. 근대화에 매몰된 그들의 역사를 따라가 본다.

원령에게서 도망친 간무 천황

상지(相地)로 천도

간무 천황(737~806)과 헤이안쿄

헤이안쿄(平安京)는 10p에서 이야기했듯 사신에 상응하는 땅이다. 간무 천황은 이 땅의 힘을 더욱 끌어올리기 위해 수도의 동서남북 사방에 있는 망루에 각각 경을 넣도록 했다. 그것이 북방 이와쿠라의 이와쿠라다이묘진(현재의 야마스미 신사), 동방 이와쿠라의 히가시이와쿠라데라(현존하지 않음), 서방 이와쿠라의 곤조지, 남방 이와쿠라의 이와키요미즈하치반큐(다른 설도 있음)이다

원령이 된 사와라 친왕

현무·북

청룡·동

헤이안쿄

백호·서

주작·남

헤이조쿄에서 천도한 지 겨우 10년 뒤 간무 천황은 무리하게 헤이안쿄로 천도했다. 사와라 친왕의 원령의 공포에서 벗어나고 싶었던 간무 천황은「상지」에 공을 들여 사신상응의 땅인 최고의 입지를 찾아낼 수 있었다

수도의 변천

헤이안쿄
(794~1869)

나가오카쿄
(784~794)

헤이조쿄
(710~784)

덴오(天応) 원년(781), 야마베(山部) 친왕은 아버지인 고닌(光仁) 천황의 양위로 즉위했다. 그가 바로 간무 천황이다. 야마베 친왕은 어머니의 신분이 낮기 때문에 원래는 고닌 천황의 뒤를 잇는 자는 이노에(井上) 황후의 아들인 오사베(他戸) 친왕이어야 했다. 그러나 야마베 친왕이 후지와라노 모모카와※와 함께 계략을 꾸미며「이노에 황후가 천황을 저주했다」고 고발하여 이노에 황후와 오사베 친왕을 유폐시켰다. 유폐 이후 모자는 같은 날에 갑작스럽게 죽었는데, 이것이 야마베 친왕의 모살에 의한 것인지, 자살이었는지, 진상은 확실하지 않다.

두 사람의 원한 탓인지 헤이조쿄에는 돌이나 흙모래가 쏟아지고 간무 천황은 악몽에 괴로워하였으며 후지와라노 모모카와는 급사해버린다. 그래서 간무 천황은 엔랴쿠(延曆) 3년(784)에 나가오카쿄의 천도를 결정했으나 여기서도 조궁사인 후지와라노 다네쓰구(藤原種継)가 살해당한다는 사건이 일어났다. 붙잡힌 범인이 황태제인 사와라(早良) 친왕이 주모

사와라 친왕과 간무 천황

사와라 친왕은 어렸을 적에 출가하여 「친왕선사(親王禪師)」라 불리는 승려가 되었다. 나라의 다이안지(大安寺)에 살며 도다이지(東大寺)의 조영에도 관여했다고 하며 도다이지에 관해 강력한 발언권을 지니고 있었다고 한다. 동복형인 간무 천황의 즉위와 함께 환속하여 32살 때 황태자가 되었다. 모친인 다카노노 니이가사는 도래계(외국에서 건너옴)인 야마토노 오토쓰구(和乙継)의 딸로 황족도 후지와라씨도 아니었다. 혈통에 콤플렉스가 있었던 간무 천황에게 있어 어머니가 같은 동생인 사와라 친왕이 황태자가 되면 이 핏줄이 계속 황위에 이어진다고 천하에 알리는 의미가 있다고 보았으리라. 이 형제의 사이가 좋았는지는 알 수 없다. 그러나 두 사람의 밀월은 오래 가지는 않았다.

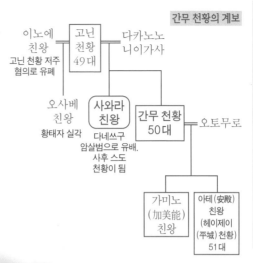

간무 천황의 계보

- 이노에 친왕 — 고닌 천황 49대 — 다카노노 니이가사
  - 고닌 천황 저주 혐의로 유폐
- 오사베 친왕 (황태자 실각)
- 사와라 친왕 (다네쓰구 암살범으로 유배. 사후 스도 천황이 됨)
- 간무 천황 50대 — 오토무로
  - 가미노(加美能) 친왕
  - 아테(安殿) 친왕 (헤이제이(平城) 천황) 51대

팔작집 지붕 위는 맞배지붕, 아래는 차양 모양으로 내려려 있는 지붕 형태

21m

35m

귀신이나 필요악이라는 모티브를 떠올리게 하는 나성문에는 사람을 매혹하는 무언가가 있었으리라

나성문은 태풍으로 무너져 아베노 세이메이 시대에는 이미 사라졌다고 한다

나성문의 전설

나성문(羅城門)은 헤이조쿄, 헤이안쿄 등의 도성으로 가는 입구로 왕성의 문을 의미한다. 폭 약 35m, 높이 약 21m의 팔작집 지붕이었다. 왕성의 중심에서 남북으로 뻗은 주작대로의 남단에 있었다. 귀신이 산다고 여겨졌으며 와타나베노 쓰나(渡辺綱)가 누문에 나온 귀신의 팔을 잘라내었다는 설화가 노의 요곡 등이 되었다. 아쿠타가와 류노스케(芥川龍之介)의 소설 「나생문(羅生門, 라쇼몽)」에서는 주인공이 살기 위해 악을 선택하는 결의를 다지는 마음이 그려진다.

자라고 진술했기 때문에 간무 천황은 사와라 친왕을 폐위하고 아와지로 유배시켰다. 그러나 사와라 친왕은 무죄를 호소하며 단식투쟁을 시작하고 결국 호송 도중에 죽어버렸다. 그 뒤 간무 천황의 아내인 타비코(旅子), 어머니인 다카노노 니이가사(高野新笠), 황후인 오토무로(乙牟漏)가 잇따라 사망한다. 사와라 친왕의 저주를 두려워한 간무 천황은 나가오카쿄를 버리고 헤이안쿄로 다시 천도하게 된다.

세계의 주요 사건
하룬 알라시드

786년, 하룬 알라시드가 이슬람 제국 아바스 왕조의 제5대 칼리프가 되었다. 하룬은 「천일야화」에 등장하는 주인공 왕으로도 알려졌으며 카를 대제와 우호관계를 맺으면서 사라센 문화의 전성기를 이룩했다.

※후지와라노 모모카와(藤原百川, 732~779) 나라 시대 후기의 공경. 당시 야마베 친왕이었던 훗날의 간무 천황을 황태자로 세운 공로자. 모모카와의 딸 타비코는 간무 천황의 부인이 되었으며 훗날의 준나 천황을 낳았다.

조와·오텐몬의 변을 거쳐
관백이 된 요시후사

한때 걸려 있었던 「오텐몬」
이라 적힌 현판은 구카이
가 적은 것이라 전해진다

오텐몬의 변

오텐몬(応天門)은 헤이안쿄 대궁궐의
팔성원 남쪽의 정문이다. 오텐몬의 변
때 화재로 소실된 뒤 재건되었으나
1177년에 다시 화재로 소실되었다

요시후사는 황족 이외에서 처음으
로 섭정이 되어 후지와라씨에 의한
섭관 정치의 기반을 만들었다

후지와라노
요시후사와
음양도

후지와라노 요시후사
(804~872)

조간 8년(866) 헤이안쿄 조당원의 정문인 오텐몬이 불타올랐다. 원인은 방화로 여겨졌으며 처음
에는 좌대신인 미나모토노 마코토(源信)가 범인이 아닌지 의심되었다. 그러나 오야케노 다카토리
(大宅鷹取)가 대납언 도모노 요시오(伴善男)와 그 아들 나카쓰네(中庸)가 방화하였다고 고발하여
요시오 일행은 유배되었다. 사건의 진상은 알 수 없으나 후지와라노 요시후사가 이 화재를 정치
적으로 이용하여 정계에서 오토모씨를 배제하고 후지와라씨의 패권을 확립한 것이 아닌지 추측
되고 있다

헤 이안 초기의 사가 천황과 준나 천황은 천재지변이 개별적인 인간의 재앙이 아니라
「하늘이 천황의 정치의 실정을 벌하기 위해 일으킨 것이다」라는 유교적인 사고방식
을 지니고 있었다. 그러나 후지와라노 요시후사가 권력을 쥐게 되자 그러한 사고방식은
자취를 감추고 양상은 일변한다. 「조와의 난」으로 여동생인 준시(順子)가 낳은 미치야스(道
康) 친왕을 황태자로 앉히는 데 성공하고 훗날 미치야스 친왕이 몬토쿠 천황으로서 즉위하
자 외척으로서 권력을 독차지하게 된 요시후사에게 있어 「천재지변은 하늘의 견책(과실을
엄하게 책하는 것)」이라는 유교적인 사고방식은 무척이나 거슬리는 것이었다.

천재지변 때문에 당대의 권력자인 자신이 파면 당해서는 곤란하다. 그래서 요시후사는
천재지변은 하늘의 질책 따위가 아니라 「신이나 원령의 저주」라고 함으로써 자신의 책임
을 회피하고자 했다. 저주라면 제사나 하라에를 하면 그만이기 때문이다. 그렇기 때문에
몬토쿠 천황 시대에는 사소한 천변이나 괴이에도 음양사가 점이나 제사를 하는 기풍이 생

교사로 천지를 섬기다

사이코 3년(856)의 동지, 몬무 천황은 간무 천황을 따라 가와우치의 가타노에서 하늘을 섬기는 「교사(郊祀)」를 지냈다. 본가인 중국에서는 동지에 원형의 「천단(天壇)」에서 하늘을 받들고 사각형의 「지단(地壇)」에서 하지에 대지를 받드는 두 제사가 세트로 된 것으로, 일본에서는 간무 천황이 최초로 지냈다. 몬무 천황도 이를 따라 수도의 교외에 언덕을 쌓아 하늘을 숭상했다고 한다.

교사는 중국 고대의 천자가 천지를 숭상한 것이 시작이었다고 한다. 중국에서의 하늘의 최고신, 상제에게 바쳐졌다. 한 대에 예의로서 정비되며 역대 왕조에 따라 조금씩 변화하고 청나라 말기까지 이루어졌다

진무 천황의 교사

※그림: 고이즈미 가쓰지 (小泉勝爾, 1883~1945)가 그린 「도미야마의 교사」 참고

제1대로 여겨지는 천황, 진무 천황이 진무 천황 4년(기원전 657년)에 나라현 사쿠라이 시에 있는 도미산에서 교사를 지냈다는 내용이 『일본서기(日本書紀)』에 적혀 있다. 이는 어디까지나 전설이며 교사를 지냈다는 확실한 기록은 간무 천황 때부터이다

막부 말기에는 포창을 피하는 부적 삼아 「포창회(疱瘡絵)」라는 그림이 등장했다. 교쿠테이 바킨의 독본 『친세츠 유미하리즈키(椿説弓張月)』에서 포창신을 퇴치하는 주인공, 미나모토노 다메토모 외에도 중국에서 전래된 역병 퇴치를 위한 쇼키라는 신이나 전신이 붉은 털로 뒤덮인 성성, 국민 히어로였던 모모타로 등이 그려졌다

포창에 걸리면 발진이 나 피부가 빨개지기 때문에 포창신의 피부는 빨갛고 또 빨간 것을 좋아한다고 여겨졌다. 그래서 아이들의 완구를 빨갛게 해서 포창신의 주의를 끌어 아이에게 씌우지 않도록 했다. 「아카베코(赤べこ)」 등이 유명하다

포창신

천연두는 포창신 때문

헤이안 시대에는 가끔씩 포창(천연두)을 비롯한 대유행이 일어났는데 당시의 사람들은 이를 「포창신(疱瘡神)」 등의 역신이 저주를 흩뿌리고 다니는 탓이라고 생각하여 그 신을 극진하게 섬기는 것으로 저주를 진정시키고자 했다. 교토의 야사카 신사의 축제인 기온마쓰리도 원래는 역신을 진정시키기 위한 것이었다.

거나 닌주(仁寿) 3년(853)에 역병이 대유행했을 때에도 음양료가 음양서에 따라 각국의 국분사에서 제사를 치러야 한다는 진언이 있었으며 이것이 받아들여졌다.

세계의 주요 사건
신라의 멸망

668년에 신라가 고구려를 멸망시키고 한반도를 통일하였으나 9세기에 들어서 지배력이 약해지고 후백제, 고려, 신라의 삼국으로 나뉘는 「후삼국시대」가 되었다. 그리고 935년, 신라는 고려에 의해 멸망해버린다.

원인 규명의 점부터 제사를 통한 하라에로

동물에 의한 괴이의 징조를 놓치지 마라!

간닌(寛仁) 원년(1017) 10월, 고이치조 천황의 침소인 청량전에 여우가 들어왔다. 이는 음양사의 점에 따르면 화재의 징조였다(『소우기(小右記)』에서)

간콘 7년(1010) 8월 24일, 후지와라노 미치나가 저택 안에 소가 들어왔기 때문에 음양사에 의한 괴이점을 쳤다(『어당관백기(御堂関白記)』에서)

동물의 「시(矢)」

헤이안 시대에는 똥을 「시」라고 불렀기 때문에 「개의 시」나 「여우의 시」 등이라 기록되어 있다. 문장만 보면 풍류가 있다

조와(長和) 원년(1012) 6월 29일, 후지와라노 미치나가 저택 안에 개의 시가 발견되었다(『소우기』에서)

조와 4년(1015) 9월 16일, 까마귀 한 마리가 외기국 청사에 헤매 들어와 마구 날뛰었다(『소우기』에서)

간나(寛和) 2년(986) 2월 16일, 태정관 안에 뱀이 한 마리 침입했다. 아베노 세이메이가 점을 쳐 흉사를 지적했다(『본조세기(本朝世紀)』에서)

귀족들의 일기와 역사서에는 수많은 「동물에 의한 괴이」 이야기가 남겨져 있다. 사슴이나 여우 등의 야생동물이 귀족의 저택이나 궁궐에 들어오는 일은 괴이로 여겨졌다. 외양간의 소가 날뛰거나 쥐가 서류나 가구를 갉아먹거나 개똥이 저택 안에서 발견되거나 했을 때도 괴이로 기록되었다

헤 이안 중기, 후지와라씨가 섭관정치를 하게 된 이후 음양도도 일본만의 독자적인 진화를 이루기 시작한다. 섭관정치란 딸을 천황의 비로 보내고 남자를 낳게 하여 그 아이를 천황에 앉혀 외척으로서 힘을 떨치는 시스템이기 때문에 딸이 남자를 낳느냐 못 낳느냐와 어린 천황의 건강상태가 언제나 최대의 관심사였다. 특히 황족이 아니면서 처음으로 섭관이 된 후지와라노 요시후사(100p)는 어린 손자인 세이와 천황의 건강을 너무 바란 나머지 지진이나 천둥이 있을 때마다 원인을 점치게 하고 나아가 궁중에서 수수께끼의 새가 울었다거나 물려 죽은 뱀의 시체가 있었다는 사소한 사건까지 음양사에게 점치게 하여 원인을 규명하고자 했다. 이즈음에는 재해나 괴이는 신이나 원령의 저주라는 사고방식이 정착했기 때문에 저주로 인해 천황이 병에 걸리거나 죽거나 해서는 큰일이라고 생각한 것이다.

율령국가에서는 음양도를 국가가 독점하고 음양사에게는 국가의 명운이 걸린 일을 점

삼합의 액년

음양료가 천문의 운행에 따라 태세(목성), 태음(토성), 객기(화성)가 회합하는 「삼합(三合)」의 해가 액년이라고 주장하기 시작한 것도 이때로, 포창(천연두)이 대유행한 이치조 천황의 쇼랴쿠 4년(993)도 「삼합」의 해에 해당한다 하여 대사면과 감세가 이루어졌다. 그러나 포창의 유행은 억눌러지기는커녕 다음해에는 일본 전국으로 퍼졌기 때문에 신기관과 음양사가 점을 쳐, 이와시미즈 하치만, 이세진구, 가모 신사, 마츠오 신사, 기온 신사 등의 저주가 있다 하여 각각에 봉납이 치러졌다.

가타타가에로 흉방을 피하다

조간 7년(865) 8월, 성인이 된 세이와 천황은 동궁어수에서 궁궐로 거처를 옮기게 되었는데 이때 음양료의 진언을 듣고 가타타가에(方違え)를 하였다. 이 해는 「팔괘법(八卦法)」에 따르면 「건(북서)」이 「절명(絶命, 최대흉방)」에 해당하기 때문에 우선 남서쪽의 태정관으로 옮긴 뒤 북쪽에 있는 궁궐로 이동했다. 이것이 일본에서의 최초의 가타타가에로 여겨진다.

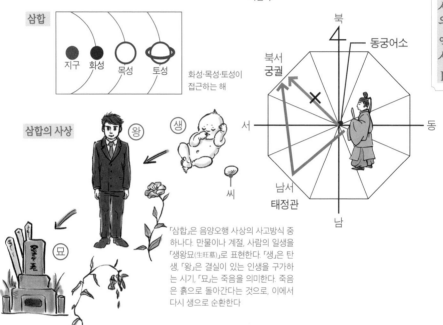

화성·목성·토성이 접근하는 해

「삼합」은 음양오행 사상의 사고방식 중 하나다. 만물이나 계절, 사람의 일생을 「생왕묘(生旺墓)」로 표현한다. 「생」은 탄생, 「왕」은 결실이 있는 인생을 구가하는 시기, 「묘」는 죽음을 의미한다. 죽음은 흙으로 돌아간다는 것으로, 이에서 다시 생으로 순환한다

치게 하였는데 율령제도가 무너지기 시작하자 천황의 개인적인 병의 원인 등을 점치게 하는 일이 일상이 되었다. 또 나아가 병의 원인을 간파하는 힘이 있다면 이를 떨쳐낼 힘도 있을 것이라는 식으로 변화해가 음양사가 제사로 쾌유나 장수를 기원하는 일이 일상화되었다.

신, 물귀, 원령의 지벌

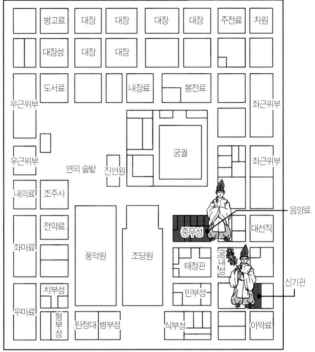

헤이안쿄 대궁궐과 음양료, 신기관의 위치

대궁궐이란 황거인 궁궐을 중심으로 그 주위에 정무나
의식을 담당하는 관청이 놓여 있는 구역

병고료	대장	대장	대장	대장	주전료	차원
대장성	대장	대장				
도서료	내장료		봉전료			좌근위부

우근위부

우근위부 — 연의 솔밭 / 진언원 / 궁궐 / 좌근위부

내의료 / 조주사

전약료

좌마료 — 풍악원 / 조당원 / 중무성 / 대선직

치부성 / 태정관 / 궁내성

우마료 / 형부성 / 탄정대 / 병부성 / 민부성 / 식부성 / 아악료

음양료

신기관

헤이안 시대의 조정에는 점을 치는 기관이 두 곳 있었다. 신기관의 우라베와 음양료다. 서로를 보완하는 형태로 한 번 점친 결과의 복추(되풀이하여 확인하고 수행하는 것)는 자주 이루어졌다. 점의 내용이 달라질 경우 우라베의 결과를 우선시키는 경우가 많았으나 괴이 등의 점에서는 절충안을 취하기도 했다. 신의 의향을 듣는 우라베 쪽이 하늘의 의향을 듣는 음양사보다 우선되었다

나라 시대에는 천재지변이나 역병의 유행은 신의 저주로 여겨졌으나 간무 천황 시기부터 원령이 원인이라 보는 사고방식이 퍼졌다. 헤이안 중기에는 이에 더해 천황이나 어소 주변, 신사나 불당의 경내에서 일어나는 온갖 괴이를 「물괴(物怪)」라 불렀으며 이것도 질병이나 재해의 전조라고 여기게 되었다.

이 시대에 천황이나 귀족이 병에 걸리면 우선 음양사가 불려와 원인을 점쳤는데 병의 원인으로는 신의 저주, 원령의 저주, 물건의 저주 등이 있으며, 원인에 따라 치료법이 달랐다. 신의 저주일 경우 음양도의 토공제나 귀기제(27p) 등을 지내거나 화난 신이 사는 신사에 사자를 보내 봉폐(奉幣)※를 하였다. 이와는 달리 원령이나 물건의 저주일 경우 밀교의 가지기도를 지냈다. 또 누군가의 저주일 경우 음양사에 의한 하라에를 하는 것이 올바른 치료법이라 여겨졌다.

헤이안 후기의 역사를 적은 『에이카모노가타리(栄花物語)』에는 병에 걸린 후지와라노 요

신의 벌을 피하는 경신대

중국에서는 인간의 몸속에는 「삼시(三尸)」라는 벌레가 살고 있어서 이것이 경신일 밤에 몸에서 빠져나가 천제에게 그 인간의 평소의 악행을 고하러 가기 때문에 수명이 짧아진다고 믿었다. 그래서 경신일 밤에는 계속 깨어나 있어 삼시가 몸에서 빠져나가지 않도록 한 것이 「경신대」였다. 「겐지모노가타리 하하키기(源氏物語 帚木)」에서 히카루 겐지 일행이 잠자지 않고 비 오는 밤에 품평회를 한 것도 이 「경신대」를 했기 때문일 것이다.

삼시충

하시(下尸)
다리 속에 있으며 허리 아래의 병을 일으킨다

중시(中尸)
뱃속에 있으며 내장의 병을 일으킨다

상시(上尸)
머릿속에 있으며 목 위의 병을 일으킨다

여기를 파. 멍멍!

미치나가는 기르던 흰 개를 데리고 호쇼지를 참배하는 것을 일과로 삼았다. 그 날도 평소처럼 참배하려 하였으나 개가 가는 길을 막고 울부짖었다.

그래서 아베노 세이메이가 불려나와 점을 쳐 미치나가를 저주하는 것이 묻혀 있다는 것을 간파했다.

저주의 토기
황색의 종이끈을 열십자로 묶었다

사람을 저주해 죽이는 저주

이즈음이 되면 음양사에게는 사람을 저주해 죽이는 「저주」의 힘이 있다고 믿어져 온갖 저주가 벌어지게 되었다. 나라 시대의 저주 도구에는 저주하는 상대의 이름과 생년월일을 적은 「인형대(人形代)」가 많았는데 헤이안 시대가 되면 저주를 적은 「패」가 흔히 쓰이게 되었다. 「우지슈이모노가타리(宇治拾遺物語)」에는 안에 주사(朱砂)로 문자를 적은 토기를 두 개 합쳐 종이끈으로 묶은 것을 땅속에 묻어, 후지와라노 미치나가를 저주하려 한 이야기가 적혀 있다.

리미치가 그 원인을 가모노 미쓰요시와 아베노 요시히라에게 점치게 하였는데 원인이 여럿 겹쳐 있었기 때문에 「신의 저주라면 밀교의 어수법을 할 수는 없고…」라고 고민한 끝에 음양사에 의한 제사와 하라에만을 치르게 하였다고 한다.

세계의 주요 사건
카노사의 굴욕

신성 로마 제국의 황제인 하인리히 4세는 1077년 겨울, 로마 교왕 그레구리우스 7세가 있는 카노사 성 앞에서 파문을 취소해 달라며 사흘 동안 맨발로 서서 용서를 빌었다. 이것이 「카노사의 굴욕」이라 불리는 사건이다.

※신에게 공물이나 폐백을 바치는 것

중세 일본의 사생관을 나타내는 구상도

헤이안 시대 일본인의 사생관의 변혁

사후 세계에는 관여하지 않았던 음양사

※위의 그림은 젊은 여성(오노노 고마치(小野小町))을 그린 구상도. 가마쿠라 시대부터 중·근세에 걸쳐 그려졌다

불교에서는 자기 자신이나 타인의 육체에 대한 집착을 끊어내기 위해 육체의 부정한 모습을 상상하는 「부정관(不淨觀)」이라는 수행이 있다. 그중 시체를 9단계로 나누어 보는 것을 「구상관(九相觀)」이라 하였다. 육체가 썩어가는 과정에는 ①창상(시체가 가스로 팽창한다), ②괴상(피육이 파괴된다), 혈도상(피부가 찢어지고 눈에서 피가 넘쳐난다), ④농란상(부패한다), ⑤청어상(바람이 불고 햇빛을 맞아 미라가 된다), ⑥탐상(짐승이 먹힌다), ⑦산상(사지나 오장이 흩뿌려진다), ⑧골상(백골이 된다), ⑨소상(뼈를 태운다)의 아홉 단계가 있다고 설파한다. 이 설에 기반을 둔 그림이 구상도이다. 생전의 모습을 그리기도 한다.

고래의 일본 종교인 신토에서는 죽음을 「부정」하다고 여겼다. 그렇기 때문에 신을 모시는 신사에서 장례를 치르는 일은 있을 수 없었다. 그러한 사고방식은 헤이안 시대에도 전해 내려와 일반 서민 등은 가족이 죽어도 아다시노나 도리베노, 렌다이노 등의 풍장지에 시체를 두고 그대로 방치했다. 그러나 천황이나 귀족이 죽었을 때 시체를 방치하는 일은 없었으며 화장한 뒤 묘에 안장되었으나, 그래도 시체를 묻은 묘는 「부정」하다 여겼기 때문에 성묘를 하는 등의 습관은 없었다. 방치된 묘는 황폐해져 원령이 산다고 여겨지는 토양을 만들게 되기도 했다.

이러한 일본인의 사생관에 변혁을 불러일으킨 것이 불교로, 사후세계나 공양이라는 개념이 이즈음에 겨우 생겨나게 되었다. 다만 음양도가 죽은 자의 공양에 관여하는 일은 없었으며, 그저 묘를 만드는 장소나 화장하는 일자를 선정하고, 화장터 산릉의 지진제 등을 지내는 정도였다. 죽은 자의 공양을 위해 경을 읊는 것은 어디까지나 승려의 역할이었다.

이시(威子)

고이치조 천황이 11세일 때 후지와라노 미치나가가 9살 연상인 이시(미치나가의 삼녀)를 입궐시켜 황후로 삼았다. 처음에 이시는 부끄러워했다고 한다

고이치조 천황

축하 자리에서 미치나가가 읊은 「천하가 모두 이 몸의 것이니 저 둥근 달처럼 모자람이 없다네」라는 시구는 유명하다. 다만 이시는 남자아이를 낳지 못했고 고이치조 천황 붕어 이후 며칠 뒤 천연두에 걸려 사망했다.

고이치조 천황의 장례를 준비하다

고이치조 천황이 죽었을 때는 아베노 세이메이의 손자에 해당하는 음양사인 아베노 도키치카(安倍時親)가 점을 쳐 천황의 시신을 옮길 장소, 화장터에 보낼 일시, 방위 등을 결정하였다. 도키치카는 가구라오카(요시다산)의 동쪽의 화장터를 만들고 유골은 조도지에 안치하라는 점의 결과를 전하고 화장 당일은 가구라오카의 지진제도 치렀다.

헤이안 시대의 상복

상복이라 하면 현재에는 검정이 일반적이나 에도 시대에는 흰색이 상복의 색이었다. 그리고 헤이안 중기에는 「둔색(짙은 회색)」이 상복의 색이었다. 또 상복을 입는 자와 죽은 자의 관계나 상의 기간에 따라 색이 달라졌다고 한다. 『겐지모노가타리(源氏物語)』에는 아내가 죽어 상복을 입은 히카루 겐지가 「더 짙은 옷을 입고 싶은데 죽은 이가 아내여서 옅은 색 밖에 입을 수 없다」며 슬퍼하는 장면이 있다.

갓끈

히카루 겐지

무문 위의 어의

둔색의 시타가사네

탄식하는 히카루 겐지는 「무문 위의 어의에 둔색의 시타가사네, 갓끈 두른 마른 모습, 화려한 장속보다 둔탁한 차림」이라고, 수수한 상복 차림이 오히려 평소의 차림새보다 우아하다고 묘사된다.

무로마치 시대, 민간에 퍼져 있던 음양사 중에는 죽은 자의 영을 불러내 공양을 재촉하는 자도 나타났으나 정규 음양사는 사후의 세계를 건드리지 않았다.

세계의 주요 사건
셀주크 투르크 성립

셀주크 투르크는 투으룰 베이가 세운 이슬람 왕조. 1055년에 압바스 왕조의 칼리프에게서 술탄의 칭호를 받고 시아파의 파티마 왕조와 부와이 왕조에 대항하는 수니파의 왕조가 되었다.

헤이안쿄는
원령으로
한가득

간무 천황은 원령에게서 도망치듯이 헤이조쿄에서 나가오카쿄, 헤이안쿄로 수도를 옮겼으나, 새로운 도읍인 헤이안쿄도 원령의 저주와 연이 없지는 않았다. 그렇기는커녕 헤이안 시대는 「원령의 시대」라고 바꿔 말해도 될 정도로 수많은 원령이 태어난 시대이기도 했다. 여기서는 주된 원령을 소개하도록 한다.

사와라 친왕
(스도(崇道) 천황)(750~785)

육원령

간무 천황을
천도시켰을 정도의 힘

이 사건은 아들인 아테 친왕에게 황위를 넘기고 싶어진 간무 천황이 사와라 친왕에게 누명을 씌웠기 때문이라고도 하며, 그 뒤 사와라 친왕은 원령이 되어 간무 천황의 주위 사람들을 잇달아 죽이고 역병이나 홍수 등을 일으켰다고 한다. 그렇기 때문에 간무 천황은 사와라 친왕을 스도 천황으로 추증하고 유체를 다이와에 다시 묻었다

조칸 5년(863)에 신천원에서 지낸 어령회에서 받들어진 육원령※의 필두로 꼽히는 것이 사와라 친왕이다. 사와라 친왕은 간무 천황의 동생으로 그의 뒤를 이어야 할 황태제였다. 그러나 엔랴쿠 4년(785)에 조나가오카쿠군사인 후지와라노 다네쓰구가 암살당한 사건으로 주모자인 오토모노 쓰구히토가「사와라 황태자의 명으로 했다」고 자백했기 때문에 체포되어 아와지 국으로 유배되었다. 사와라 친왕은 무죄를 호소하며 식사도 물도 먹지 않아 아사했으나 간무 천황은 용서하지 않고 유해는 유형지의 아와지로 옮겨져 매장되었다.

이요(伊予) 친왕
(?~807)

육원령

구스코의
책략의 피해자인가

후지와라노 요시코
(藤原吉子, ?~807)

육원령

이요 친왕은 간무 천황의 제3황자로 간무 천황의 뒤를 이어 즉위한 헤이제이(平城) 천황(아테 친왕)의 이복동생이다. 어머니는 후지와라노 요시코로, 그 형인 후지와라노 오토모(藤原雄友)는 헤이제이조에서 대납언을 맡은 조정의 중진이었다

다이도(大同) 2년(807), 이요 친왕과 후지와라노 요시코는 모반의 죄로 저택을 포위당해 사로잡힌다. 이요 친왕은 후지와라노 무네나리(藤原宗成)가 모반을 부추겼다고 증언했으나 후지와라노 무네나리는 이요 친왕이야말로 주모자라고 증언했기 때문에 모자는 다이와의 가와하라데라에 유폐되고 얼마 안 가 둘 다 독을 마시고 자살했다. 이 사건은 헤이제이 천황의 총애를 받았던 후지와라노 구스코(藤原薬子)가 오빠인 후지와라노 나카나리(藤原仲成)와 작당하여 후지와라노 무네나리를 부추겨, 이요 친왕에게 모반하도록 교사시킴으로써 정적인 후지와라노 오토모를 실각시킨 것이라고도 한다.

서예의 달인의 애달픈 운명

다치바나노 하야나리
(橘逸勢, ?~842)

육원령

당시는 사가 천황의 아들인 닌묘 천황의 치세로 황태자는 사가 천황의 동생, 준나 천황의 아들인 쓰네사다(恒貞) 친왕이었다. 그러나 닌묘 천황의 중궁, 노부코의 오라비인 후지와라노 요시후사가 쓰네사다 친왕을 폐하고 노부코가 낳은 미치야스 친왕을 후계자로 삼고자 획책한 탓에 황태자 측의 도모노 고와미네(伴健岑)와 다치바나노 하야나리 등은 쓰네사다 친왕을 아즈마 국으로 망명시키고자 하였다. 그러나 이 계획이 발각되어 두 사람은 모반의 죄로 도모노 고와미네가 오키로, 다치바나노 하야나리가 이즈로 유배되게 되었다. 그러나 다치바나노 하야나리는 이즈에 이르기 전에 병사했다. 그 뒤 수도에 흰 무지개나 혜성이 나타났으며 모두 다치바나노 하야나리의 저주라고 여겼다.

엔랴쿠 23년(804)에 견당사로서 구카이나 사이토와 함께 당으로 건너가 류종원(柳宗元)에게 서예를 배웠으며 그 우수함 덕에 『키츠노슈사이(橘秀才)』라 불렸다. 귀국 후에는 구카이, 사가 천황과 함께 「삼필(三筆)」이라 불리는 서예의 달인이 되어 헤이안쿄의 궁궐의 대부분의 액자를 휘호했다고 한다

학문의 신이 된 원령

스가와라노 미치자네(菅原道真, 845~903)

후지와라씨와 견줄 수준의 권력을 지녀서 당시의 좌대신인 후지와라노 도키히라(藤原時平)와 적대하게 되어 「자신의 사위이자, 다이고(醍醐) 천황의 동생이기도 한 도키요(斉世) 친왕을 제위에 앉히고자 하였다」는 죄를 뒤집어 써 다자이후로 좌천되고 2년 후 엔키 3년(903)에 사망했다.

미치자네가 죽은 지 6년 후, 미치자네의 좌천을 꾀한 도키히라가 39세의 젊은 나이로 병사하고, 그 뒤에도 다이고 천황의 황자인 야스아키라(保明) 친왕이 죽었으며, 궁궐의 청량전에 번개가 떨어져 수많은 사상자가 발생하였는데 이들이 모두 미치자네의 원령 탓이라고 여겨 신으로서 기타노의 신사에서 받들게 되었다(현대의 기타노텐만궁).

후지와라씨의 권세를 좋게 보지 않았던 우다(宇多) 천황이 후지와라씨의 대항마로 중용하였으며 우다 천황이 다이고 천황에게 양위한 뒤에도 강한 지원을 받고 우대신의 자리까지 올랐다

※육소어령이라고도 한다. 역병이 유행하거나 재해가 많을 때 비명횡사한 자들의 영을 기리는 어령회를 처음으로 치른 863년에 받들어진 자들을 말한다. 사와라 친왕, 이요 친왕, 그 어머니인 후지와라노 요시코, 다치바나노 하야나리, 훈야노 미야타무로(文室宮田麻呂)의 다섯 명에 후지와라노 나카나리(藤原仲成)나 후지와라노 히로쓰구가 더해지거나 하여 대표적인 여섯 원령으로 꼽는다.

신황을 자칭하며 관동의 독립을 꾀했다

다이라노 마사카도
(平将門, ?~940)

간무 다이라씨의 명맥을 이어받은 명문 무사로서 아즈마 국에서 태어났으나 당시는 무사의 신분이 낮아 수도에서의 출세도 꿈꿀 수 없었다. 그래서 덴교 2년(939), 커지는 무사 계급의 불만을 배경으로 아즈마 국에서 반란을 일으켜, 수도의 스자쿠 천황에 맞서「신황」을 자칭하며 독립을 꾀했으나 전쟁 도중에 이마에 화살을 맞고 목숨을 잃는다. 사후 모반인 마사카도의 목은 수도로 보내져 시치조카와라에 걸렸으나 어느 날「내 몸통과 목을 이어 한 번 더 싸워 주마!」라고 외쳤나 싶더니 하늘로 날아올라 동쪽을 향해 날아갔다고 한다. 그 즈음 마사카도의 몸통도 목을 찾아서 일어나 달려 나갔다.

목이 떨어진 곳이 현재의 도쿄 오오테마치에 있는「마사카도의 머리 무덤」이 있는 곳으로, 쓰러진 몸통을 기린 곳이 간다묘진이라 불리고 있다

스케히메(祐姫, 생몰년 미상)

후지와라노 모토카타
(藤原元方, 888~953)

후계 싸움에 패배해 말대까지 저주했다

후지와라노 모토카타의 딸, 스케히메는 무라카미 천황의 비가 되어 제1황자인 히로히라 친왕을 낳았다. 그러나 똑같이 무라카미 천황의 중궁이었던 후지와라노 모로스케[1]의 딸 안시(安子)가 제2황자인 노리히라(憲平) 친왕(훗날의 레이제이 천황)을 낳자 모로스케는 겨우 2개월의 갓난아이를 황태자로 앉혔다. 자신의 손자가 천황이 될 싹이 잘린 모토카타는 절망한 나머지 분사하고 원령이 되어 모로스케의 자손을 대대로 저주했다고 한다. 레이제이 천황은 다리를 다쳐도 케마리(蹴鞠)를 계속하거나 아버지인 무라카미(村上) 천황에게 보내는 편지에 남성의 성기 그림을 그려 보내는 등 아무튼 기행이 눈에 띄는 아이였는데 이도 모토카타의 원령 탓이었다고 여겨진다.

레이제이 천황의 제2황자로, 이치조 천황의 뒤를 이어 즉위한 산조 천황도 오랫동안 눈병으로 고생했으며 그 때문에 후지와라노 미치나가에게 양위를 재촉 당하게 되었는데, 이 눈병도 모토카타의 원령 탓이라고 여겨진다.

대식가라는 에피소드가 남은 귀인

후지와라노 아사히라
(藤原朝成, 917~974)

쇼(관악기)의 명수이며 또 상당한 비만이었던 것으로도 유명한 후지와라노 아사히라는 후지와라노 모로스케의 장남인 후지와라노 고레타다(藤原伊尹)와 구로우도노토(蔵人頭)의 지위를 두고 겨뤘던 것으로도 알려져 있다. 당초에 아사히라는 고레타다와 싸울 생각이 없었으며 해명하기 위해 저택을 찾았으나, 불볕더위에 정원에서 오랜 시간 기다린 끝에 결국 만나지 못했던 것에 화가 나「고레타다의 일족을 멸절시키고 자자손손 저주해주겠다」고 맹세하고 생령이 되어 고레타다를 저주해 죽여 버렸다고 한다.

고레타다의 저택에서 나올 때 아사히라의 발은 부풀어 올라 신발을 신을 수조차 없었다고 한 것으로 보아 상당히 오랫동안 서 있었던 것으로 보인다. 산조 서동원에 있었던 아사히라의 저택은 아사히라가 죽은 뒤에도 고레타다의 자손이 발을 들이면 반드시 불행이 찾아왔기 때문에「귀전」이라 불리며 거리를 두었다고 한다.

※1 후지와라노 모로스케(藤原師輔, 908~960) 헤이안 중기의 공경. 조정의식에 정통하며,「구조년중행사(九条年中行事)」를 저술하고 자손에게「구조전유계(九条殿遺誡)」를 쓰게 했다

후지와라노
아키미쓰
(藤原顕光,
944~1021)

후지와라노
노부코
(藤原延子,
985~1019)

아키미쓰 사후, 히로코가 병사하고 또 미치나가의 딸
인 기시, 겐시도 잇따라 급사했기 때문에 사람들은 이
를 아키미쓰와 노부코의 저주라 생각하고 아키미쓰를
악령좌부라 부르며 두려워했다

원한을 품은 스토쿠인은 자기 허를 깨물고 그 피로
「일본국의 대마록이 되어 천황을 백성으로 하고
백성을 천황으로 하겠다」고 맹세하고 분사했다

악령좌부라 불리며 두려움을 샀다

관백이었던 아버지 후지와라노 가네미치(藤原兼
道)에 비해, 아들인 후지와라노 아키미쓰는 너무
나도 무능하여 사촌인 후지와라노 미치나가에게
정권의 자리를 빼앗겨 버린다. 기사회생의 책략으
로 이치조 천황의 중궁으로 입궐시킨 딸 겐시(元子)
는 남자를 낳기는커녕 물만 나와서 세상의 비웃음
을 사 버리고 그에 더해 이치조 천황 사후, 겐시는
미나모토노 요리사다(源頼定)※2와 야반도주를 하
고 만다. 다음으로 아키미쓰는 산조 천황의 황태
자인 아쓰아키라(敦明) 친왕에게 시집보낸 딸 노부
코에게 기대했으나 미치나가의 권력을 두려워한
아쓰아키라 친왕은 황태자를 사퇴하고 미치나가
의 딸인 히로코를 아내로 맞이한다. 이에 충격을
받아 노부코는 사망하고 아키미쓰의 머리카락도
하룻밤 사이에 새하얘져 버렸다.

일본 최강의 원령

스토쿠 천황은 증조부인 시라카와(白河)인의 눈에 들어 다섯 살에
아버지인 도바(鳥羽) 천황에게 양위 받아 즉위하였으나 아버지인 도
바 천황에게는 「숙부의 아이」라 불리며 미움을 받았다. 일설에 따르
면 스토쿠 천황은 도바 천황의 조부인 시라카와인의 아이였다고도
한다. 시라카와인이 죽은 뒤 도바인에게 동생인 나리히토(躰仁) 친왕
(고노에(近衛) 천황)을 양자로 삼아 즉위시키면 원정(院政)을 할 수 있다
고 설득해 양위하나 실제로는 동생이 권력을 잡았으며 원정은 할
수 없었다. 그래서 고노에 천황 사후 자신의 아이인 시게히토(重仁)
친왕을 즉위시키려 하였으나 여기서도 도바인이 스토쿠인을 방해
하여 고시라카와 천황을 즉위시켜 버린다. 화가 치민 스토쿠 천황은
「호겐의 난」※3을 일으키나 패하고 사누키로 유배되었다.

스토쿠(崇德) 천황
(1119~1164)

세계의 주요 사건
황소의 난

875년, 중국에서는 소금 상인
인 황소의 지휘 아래 농민의
대규모 반란이 일어났다. 반
란 자체는 884년에 진압되었
으나 이에 의해 당은 쇠퇴하
고 멸망의 길을 걸었다. 이러
한 당의 혼란을 보고 스가와
라노 미치자네는 견당사의 폐
지를 진언했다.

※2 미나모토노 요리사다(977~1020) 헤이안 중기의 공경. 무라카미 천황의 제4황자로, 다메히라 친왕의 차남.
※3 호겐의 난(保元の乱)이란 호겐 원년(1156), 교토에서 일어난 내란. 스토쿠 천황, 후지와라노 요리나가 측이 고시라카와 천
황, 후지와라노 다다미치 측에게 패한 전투

별과 음양도

북두칠성에 소원을

이십팔수

구요

십이궁

석가금륜

북두칠성

성만다라(星曼茶羅)

성만다라는 성공(星供) 만다라라고도 하며 북두(北斗) 만다라라고도 한다. 북두칠성을 공양하고 천재지변이나 역병의 퇴산을 기원하는 북두법의 본존으로서 섬겨져 왔다.

구조는 삼중구조를 취하며 내원의 중앙에 앉은 것이 석가금륜(釋迦金輪). 인간의 운명을 관장한다는 북극성을 뜻한다.

그 주위에는 구요가, 또 석가금륜의 아래에는 북두칠성이 그려진다.

제2원에는 12궁(양자리, 황소자리, 쌍둥이자리(남녀자리), 게자리, 사자자리, 처녀자리, 천칭자리, 전갈자리, 궁수자리, 염소자리, 물병자리, 물고기자리)이 그려져 있다.

제3원에는 하늘의 적도나 황도 부근에서 천구를 28로 구분하며 각각 하나의 수로 보는 이십팔수가 그려져 있다

북두칠성

고대의 중국인은 하늘의 별들이 북극성을 중심으로 도는 것을 보고 북두칠성을 전 우주를 관장하는 신으로서 섬겼다. 그 개념은 일본에도 전해졌다. 북두칠성의 일곱 별 중 하나가 자신의 운명을 관장하는 본명성이 된다. 이는 태어난 해의 간지에 따라 정해졌다

화성 / 녹존
(인, 술)

목성 / 염정
(진, 신)

토성 / 파군
(오)

달 / 거문
(축, 해)

수성 / 문곡
(묘, 유)

금성 / 무곡
(사, 미)

태양 / 탐랑
(자)

북극성
=북진, 묘견

※(안)은 대응하는 간지

헤 이안 시대가 되면 원래 밀교에서 활발했던 북진[1](북극성. 묘견(妙見)이라고도)이나 북두칠성에 대한 신앙이 음양도에도 받아들여지게 되었다. 밀교에서는 북두칠성을 그린 성만다라에 따라 「북두법(北斗法)[2]」 등의 수법을 치렀는데 이에 대항하기 위해 음양도에서도 속성에 맞춘 「속성제(属星祭, 27p)」를 지내게 되었다.

음양도에서는 태어난 해의 간지가 오행의 「목성, 화성, 토성, 금성, 수성」과 음양의 「달, 태양」을 더한 일곱을 대응시킨 것을 「본명성(本命星, 속성)」으로 여겼는데, 헤이안 시대부터 북두칠성의 「탐랑(貪狼), 거문(巨門), 녹존(祿存), 문곡(文曲), 염정(廉貞), 무곡(武曲), 파군(破軍)」이라는 일곱별을 대응시킨 것으로 바뀌었다.

참고로 자년 태생은 탐랑, 축년과 해년 태생은 거문, 인년과 술년 태생은 문곡, 진년과 신년 태생은 염정, 사년과 미년 태생은 무곡, 오년 태생은 파군을 수호성으로 삼는다.

북두칠성은 개인의 수명을 관장하는 별이라 믿어졌기 때문에 후지와라노 모로스케의

오로지 천황만을 위한 치성광법

귀족은 태어난 해의 북두칠성인 속성을 수호성으로 삼았으나 천황만은 특별하게 하늘의 중심인 북진(북극성)을 수호성으로 삼았다. 그렇기 때문에 밀교에는 오로지 천황을 위해서만 치러지는「치성광법(熾盛光法)」이라는 수법이 있으며 이에 쓰인 것이「치성광만다라」이다. 중앙에는 금륜불정존이 그려지고 이를 둘러싸듯 관자재보살(觀自在菩薩), 금강수보살(金剛手菩薩), 비구지보살(毘俱胝菩薩), 불안보살(佛眼菩薩), 불사의동자보살(不思議童子菩薩), 문수보살(文殊菩薩), 구호혜보살(救護慧菩薩)이 배치되며, 또 십이궁이나 이십팔수와 같은 별들도 그려져 있다.

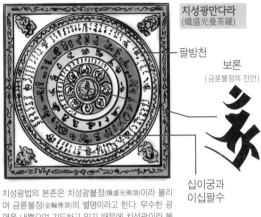

치성광만다라
(熾盛光曼茶羅)

— 팔방천

보론
(금륜불정의 진언)

십이궁과
이십팔수

치성광법의 본존은 치성광불정(熾盛光佛頂)이라 불리며 금륜불정(金輪佛頂)의 별명이라고 한다. 무수한 광명을 내뿜으며 기도하고 있기 때문에 치성광이라 불린다고 한다. 치성광만다라에는 다양한 형태가 있는데 중심에 금륜불정의 종자인「보론」의 범자가 그려져 있는 경우가 많다

구요와 함께 만들어진 문장이「구요문(九曜紋)」. 전국무장들도 사용했다

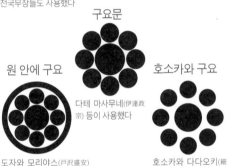

구요문

원 안에 구요

다테 마사무네(伊達政宗) 등이 사용했다

도자와 모리야스(戸沢盛安) 등이 사용했다

호소카와 구요

호소카와 다다오키(細川忠興) 등이 사용했다

집안의 문장에도 쓰이는 구요(연성)란?

헤이안 후기에 이르러선 속성제나 북두법만으로는 부족하게 되어 원진성이나 연성 같은 것까지 고려하게 되었다. 속성에 대응하는 십이지를 순서대로 음과 양으로 나누고(자가 양, 축이 음이라는 식) 양은 속성에서 앞으로 하나 나아간 것, 음은 속성에서 뒤로 하나 나아간 것을 원진성으로 삼았다. 또 속성이나 원진성이 태어난 해에 따라 고정되어 있는 것과는 달리 연성은 1년마다 바뀌는 것으로 이는「구요(九曜)」(122p)라 불리며 지금도 점에 이용되고 있다.

『구조전유계』(하루하루의 관례나 마음가짐을 자손에게 남긴 가훈)에도 매일 아침에 일어나면 우선「속성의 이름을 일곱 번 읊는다」고 적혀 있으며, 헤이안 귀족이 자신의 장수를 빌며 염불처럼 속성을 읊었음을 알 수 있다.

세계의 주요 사건
신성 로마 제국

936년에 동프랑크 왕국의 왕으로 즉위한 오토 1세는 레히펠트 전투에서 마자르족의 침공을 막았다. 그 뒤 이탈리아로 원정을 떠나 962년에 교황 요하네스 12세의 제관을 받고 신성 로마 제국의 초대 황제가 되었다.

※1 밀교에서는 북두칠성을 신격화한 묘견보살에 대한 묘견 신앙이 있었다. 눈병 치료, 제재, 식재 등을 빌었다
※2 밀교의 수법. 본명일(그 사람이 태어난 날의 간지에 해당하는 날)에 치러졌다. 성만다라를 걸고 제문을 읽었다

권력자의 뒤에
음양사의 그림자가 있다

아베노 세이메이

권력을 이용

능력을 이용

후지와라노
미치나가
(966~1027)

섭관가에 대한 봉사로 방침을 변경한 음양사

나라 시대부터 이어지는 음양료의 음양사들은 속된 말로 국가공무원이며 그들의 업무는 「공적」인 것이었다. 헤이안 시대에 이르러 후지와라씨가 대두하여 정계가 복잡해짐에 따라, 권력을 쥐고자 하는 사람들의 이해관계가 그물망처럼 얽히고설켰다. 권모술수가 난무하는 궁중에서 주술과 점술을 다루는 음양사의 「사적」 수요는 점점 높아져 갔다

본 래 음양사는 율령국가[1]에 속하는 관료였다. 그러나 헤이안 시대가 되어 율령제가 붕괴해 감에 따라 음양사는 국가와 천황에게 봉사하는 한편, 유력귀족에게 개별적으로 쓰이는 기회가 늘어났다.

아베노 세이메이가 활약한 때는 후지와라 섭관가[2]의 전성기를 이룬 후지와라노 미치나가의 시대이기도 하여 세이메이의 활동기록도 미치나가를 위해 이루어진 것이 많이 보인다. 특히 좌경권대부가 된 만년에는 미치나가가 고하타에 세우고자 한 삼매당(조묘지)의 상지(10p)를 하거나 가모사에 참배하는 날이나 불상을 만드는 날의 길흉을 점치거나 전거 때 새 집의 지진제[3]를 지내는 등, 마치 미치나가 전속의 음양사가 된 듯한 활동 내용이었다. 이러한 경향은 세이메이 사후 더욱 강해졌으며 미치나가는 세이메이를 대신하여 가모노 미쓰요시나 아베노 요시히라를 중용하고, 동시대에 우대신 자리까지 오른 후지와라노 사네스케도 요시히라에게 반폐(144p)를 치르거나 제사를 지내게 하였다. 물론 천황에 대

※1 7세기 후반부터 9세기경까지의 고대국가. 율령제에 기반을 둔, 천황을 중심으로 한 체계적인 중앙집권국가.
※2 후지와라노 요시후사가 황족이 아닌 신분으로 최초로 섭정이 되고, 미치나가가 후지와라 가문의 확고한 지배기반을 쌓았다.
※3 건축 토목공사 전에 그 토지의 신을 기리며 무사를 비는 제사.

음양사에게 의지한 귀족들

괴이가 생기거나 꿈자리가 안 좋았다거나 하면 귀족들은 바로 음양사에게 점치게 하여 제사나 하라에 등을 쳐서 위험을 피하고자 했다. 그러나 가장 많았던 위험회피 방법은 「모노이미(物忌)」로, 후지와라노 미치나가 등은 1년에 50번 넘게 한 적이 있었을 정도다. 이 「모노이미」 때는 집 문이나 처마에 패를 세웠다고 하며 시라카와 상황이나 도바 상황이 양위 후에 지낸 도바도노(시라카와 상황이 교토시 후시미구에 조영한 별궁)에서는 이 「모노이미 패」가 출토되었다.

모노이미 패

포장지 안에 모노이미라 적힌 봉 모양의 나무조각. 가벼운 모노이미는 관이나 머리에 꽂고 외출하며, 무거운 모노이미는 종이 패를 발에 걸거나 의복이나 머리에 꽂은 뒤 방에 틀어박혔다고 한다

봉 모양의 나무조각

포장지

모노이미의 패

버드나무 패나 넉줄고사리(양치류의 식물)에 「物忌」라 적고 관이나 머리카락에 패를 달거나 발에 걸어 사용했다

발

아베노 요시히라(954~1026)

아베노 세이메이의 장남. 세이메이에 이어 미치나가에게 중용되었다. 음양두로는 임명되지 않았지만 기우제인 오룡제를 지내는 등 우수한 음양사였다. 동생인 요시마사는 천문박사에서 음양두까지 등용되었다

육임식반

한 봉사는 계속하였으나 한편 음양사가 개별 귀족에 봉사하는 일이 일반화되었다. 이는 후지와라 섭관가가 권력을 사유화하는 데 있어 음양도를 이용했기 때문이기도 하지만 음양사들도 살아남기 위해 권력자의 비호를 받을 필요가 있었기 때문일 것이다.

후지와라노 미치나가의 가타타가에와 요시히라

조와 5년(1016)에 후지와라노 미치나가가 니조에 만든 새로운 저택으로 이사할 때 달력을 보니 예정된 이삿날은 「멀리 나가서는 안 된다」고 되어 있었기 때문에 아베노 요시히라를 불러 이유를 물었다. 요시히라는 「간무 천황이 천도한 날」이기 때문」이라고 답했다. 미치나가는 300년이나 지났는데 아직도 피해야만 하느냐고 투덜거리면서도 요시히라에게 다시 이사하기 좋은 날을 점치게 했다.

세계의 주요 사건
베트남에 리 왕조 성립

1009년, 리꽁우언(李公蘊)이 오래도록 이어졌던 중국 왕조의 지배를 끝내고 베트남인의 왕조를 세웠다. 그 뒤 1054년에는 국호를 「대월국」으로 하고, 수도를 탕롱(지금의 하노이)에 두었다. 대월국은 1225년까지 존속되었다.

2대 음양가의 시대 확립

역도의 가모 가문, 천문도의 아베 가문

아베 가문
아베노 세이메이가 출현한 뒤 착실하게 기반을 쌓아나가 가마쿠라 시대에는 음양가로서 확고한 지위에 올랐다

가모 가문
헤이안 시대부터 가마쿠라 시대에 들어갈 때까지 음양두는 압도적으로 가모 가문의 사람이 많았으며 권력이 강했다. 그러나 가마쿠라 시대 이후에는 점차 영락하게 된다

아베 가문과 가모 가문 사이에는 불화가 있었던 듯하다. 원래 아베노 세이메이는 가모 가문의 제자였으나 세이메이의 재능과 카리스마가 평판을 얻어 명성이 너무나도 높아졌다. 이에 가모 가문이 반발했음을 쉽게 알 수 있다. 『속고사담(続古事談)』에 따르면 가모노 야스노리의 아들인 가모노 미쓰요시와 세이메이가 어느 쪽이 더 음양도의 서적을 가지고 있는지로 대립했다는 이야기도 남아 있다

희대의 천재라 불렸던 가모노 야스노리(69p)와 당대의 권력자인 후지와라노 미치나가에게 중용된 아베노 세이메이의 출현으로 헤이안 중기 이후의 음양도는 가모 가문과 아베 가문이 석권하기 시작한다. 특히 덴기(天喜) 3년(1055)에 아베노 아키치카(安倍章親)가 음양료의 톱인 음양두에 취임하고, 이어서 가모노 미치키요(賀茂道清)가 음양두에 취임한 뒤로는 음양두의 지위는 아베 가문과 가모 가문이 독점하게 되고, 또 에도 시대까지 음양료의 주요한 직위는 모두 양가가 점하게 되었다.

가모 가문은 가모노 야스노리가 조력의 선지를 받고, 또 아들인 가모노 미쓰요시가 역박사가 되고 또 덴기 5년(1057)에 가모노 미치키요, 미치토키(道言) 형제가 권력박사가 됨으로써 역도를 독점하는 가문이 되었다. 똑같이 아베 가문도 세이메이와 아들인 아베노 요시마사(安倍吉昌)가 천문박사가 된 것을 발단으로, 요시히라(吉平, 요시마사의 형)의 아들인 아베노 아키치카, 도모치카(奉親) 형제가 권천문박가가 됨에 따라 천문도를 독점하는 가문이

가모노 미쓰요시의 기행

후지와라노 다다유키의 담화를 정리한 『중외초(中外抄)』에 따르면 가모노 야스노리의 아들이며 아베노 세이메이의 라이벌이기도 했던 가모노 미쓰요시는 상당히 자유분방한 인물이었다고 한다. 후지와라노 미치나가의 딸인 중궁 쇼시의 출산에 불려 나갔는데 복장은 표의, 사시누키, 히라구츠라는 차림에 더해 머리는 부수수했다. 그에 더해 옷에 달린 이를 잡고는 난간의 나무에 눌러서 죽여 버린다는 무례를 저질렀으나, 그 재능이 뛰어났기 때문에 문책을 당하지는 않았다고 한다.

가모노 미쓰요시
(賀茂光栄, 939~1015)

가모노 다다유키의 손자로 야스노리의 아들. 음양사 계의 명문 출신이다. 역박사가 되어 「장엄한(신성한, 엄숙한) 자」라 불렸다

표의
(表衣)

사시누키

히라구츠
(平履, 간이한 신발)

아베노 요시히라

```
        세이메이
      ┌──┴──┐
   요시히라   요시마사
     형       동생
```

세이메이에게는 요시히라, 요시마사의 두 아들이 있었다

단바노 마사타다
(丹波雅忠, 1021~1088)

헤이안 시대의 의사. 아버지 다다아키에게 가르침을 받았다. 「일본의 편작(日本の扁鵲)」이라 불릴 정도의 명의. 전약두 등에 부임했다

지진을 예지한 아베노 요시히라

아베노 세이메이의 아들이며 가모노 미쓰요시와 함께 후지와라노 미치나가에게 중용된 아베노 요시히라도 뛰어난 재능의 소유자였다고 한다. 「고금저문집(古今著聞集)」에는 의사인 단바노 마사타다와 요시히라가 술을 마시고 있을 때, 술이 든 잔을 든 채 이야기하는 마사타다에게 요시히라가 「얼른 드십시오. 지진이 올 겁니다.」라고 말하자 곧 땅이 흔들렸다는 이야기가 실려 있다.

되었다. 귀족들에게 달력은 생활하는 데 가장 중요한 것이었다. 역도를 독점한 가모 가문의 힘은 강했다. 종종 「가모노 다다유키가 아들인 야스노리와 제자인 세이메이에게 역도와 천문도를 나눠서 전했다」고 하는데 이것은 가모 가문과 아베 가문이 음양도를 독점하게 된 뒤 이야기된 것이다.

세계의 주요 사건
크누트 1세

1016년. 덴마크 왕 스베인 1세의 아들 크누트가 잉글랜드 왕으로 즉위했다. 그 뒤 크누트 1세는 덴마크 왕위, 스웨덴 왕위도 계승하여, 광대한 북해 제국의 「대왕」이라 불리게 되었다.

원정
시대의
음양사

단노우라에서 보검과 함께
바다에 가라앉은 안토쿠 천황

탄노우라 부근은 조수의 흐름이 매우 빠르기 때문에 쿠사나기노 츠루기도 나오지 않았던 것일까

안토쿠 천황

다이라노 기요모리의 아내,
안토쿠 천황의 조모
다이라노 도키코
(平時子, 니이도아마 (二位尼))

삼종의 신기

야타노카가미
(八咫鏡)

궁중삼전의 카시
도코로로서 기려
지고 있다

쿠사나기노츠루기(草薙剣)

야사카니노마가타마 (八尺瓊勾玉)

천황의 침소 옆, 「검새의 방(劍璽の間)」에서
기려지고 있다

음양사 아베노 야스시게는 8살의 안토쿠(安德) 천황과 함께 가라앉은 보검이 용궁에 갔는지 다른 곳에 갔는지를 점쳤다. 그러나 어느 쪽도 아니라 가라앉은 곳을 중심으로 찾도록 하였으나 결국 발견되지 않았다. 「헤이케모노가타리(平家物語)」에는 바다에 가라앉은 보검이 천황에게로 돌아오지 않는 이유를 음양료의 박사가 이야기하고 있다는 식으로 다음과 같이 적고 있다. 쿠사나기노츠루기는 스사노오가 쓰러뜨린 야마타노오로치의 꼬리에서 발견된 것이므로, 야마타노오로치는 안토쿠 천황으로 환생하여 보검을 되찾았다는 것이다

헤 이안 중기, 음양사는 종래의 조정의 관료에서 섭관가의 사적인 봉사자가 되어 갔다. 헤이안 후기가 되어 원정(院政)[1]을 펼친 상황들이 민간의 금기를 제 마음대로 받아들였기 때문에 음양사들도 이에 휘둘리게 되었다. 그중 가장 큰 것이 금신(20p)인데 이는 시라카와 상황이 적극적으로 채용한 일종의 방위신의 금기로 민간에서는 그 방향에 대해 온갖 일이 흉이 된다고 여겨졌다. 아베노 야스치카(70p) 등은 「미신이다」라며 멀리하였으나 많은 음양사가 당시의 권력자와 영합하고 금기로서 음양도에 받아들였다.

그리고 「호겐의 난(保元の乱)」, 「헤이지의 난(平治の乱)」[2]을 경유하여 다이라노 기요모리가 권력을 쥐고 공가에서 무가의 세상으로 변해감에 따라 음양사들도 무가를 섬기게 되어 갔다. 「사스노미코(指御子)」로서 이름 높았던 아베노 야스치카도 다이라노 기요모리의 딸이며 다카쿠라(高倉) 천황의 중궁이 되었던 도쿠코(德子)가 회임했을 때 불려가 남자를 낳을지 여자를 낳을지 질문을 들었다. 이에 그는 「황자 출산」이라며 보란 듯이 도키히토(言

음양료 소실

다이지(大治) 2년(1127) 2월의 화재로 음양료가 피해를 입어 수많은 기물이 불탔으며 간무 천황의 헤이안 천도 때부터 있었던 종루의 종도 소실되었다. 이때는 다자이후에 있었던 같은 모양의 종이 수도로 옮겨졌으나 지쇼(治承) 원년(1177)에 「다로쇼보(太郎焼亡)」라 불리는 대화재가 수도를 휩쓸어 다시 음양료째로 소실되어 버린다. 이것도 귀족사회가 끝나고 무가사회로 넘어가는 것을 결정지은 사건이라 할 수 있을 것이다.

종루의 종 상상도

「다로쇼보」는 「안원의 대화(安元の大火)」의 별칭. 아타고산에 사는 다로보텐구가 일으킨 화재라고 여겨져 그렇게 불렸다. 가모노 초메이(鴨長明)가 쓴 「방장기(方丈記)」에 이 대화재의 지옥과도 같은 광경이 묘사되어 있다

미나모토노 요리토모
(1147~1199)

다이라노 기요모리
(1118~1181)

십사일생일은 음양도에 있어 대흉인 날로 그 날에 싸움에 나서면 목숨의 보장은 없다고 여겨졌으나, 그를 지킨 탓에 졌다는 것은 얄궂은 일이다

기요모리, 십사일생일에 패하다

아즈마국에서 미나모토노 요리토모가 거병했음을 들은 다이라노 기요모리는 바로 후쿠하라(기요모리가 1180년, 일시적으로 금일부터 천도한 장소. 지금의 효고현 고베시)에서 진압군을 파견했으나 수도에 도착한 진압군은 6일 동안 수도에 머문 채 움직이지 않았다. 귀중한 시간을 낭비하고 요리토모에게 군을 모을 시간을 주어 버렸는데 이는 역서에 「십사일생일(十死一生日)」이라 되어 있어 원정에 흉일이기 때문에 출진을 미룬 것이었다고 나카야마 다다치카(中山忠親)의 일기인 「산괴기(山槐記)」에 적혀 있다

(二) 친왕(훗날의 안토쿠 천황)의 탄생을 적중시켰다. 또 겐페이 전쟁에서 다이라 가문이 패하고 안토쿠 천황이 삼종의 신기인 보검(쿠사나기노츠루기)와 함께 단노우라에 가라앉았는데, 야스치카의 아들인 야스시게가 신기가 가라앉은 곳을 점거하기도 했다(현재도 불명).

※2 호겐의 난 이후 1159년에 다이라노 기요모리와 미나모토노 요리토모 사이에 일어난 내란. 다이라 가문이 승리를 거두었다.

조큐의 난의 승패를 점치는 막부 음양사

아베 가문은 가마쿠라에 들어가고
가모 가문은 수도에 남았다

가마쿠라 시대(12~14세기)

가마쿠라 막부의 음양사들

어떤 이는 별을 보고

어떤 이는 점대를 이용하고

어떤 이는 식반으로 점쳤다

가모 가문

아베 가문

교토
막부를 거의 따르지 않았다

가마쿠라
그대로 관동에서 지내고 뿌리내린 자들도 많았다

조큐의 난에서 가마쿠라 막부가 승리하자 훗날 쓰치미카도 본가가 되는 아베노 아스시게의 일가와 아베노 지카나가(安倍親長)의 일가 이외에, 아베노 시게무네(安倍重宗), 구니미치(国道), 도모스케(智輔), 하루카타(晴賢), 하루시게(晴茂), 구니쓰구(国続), 하루쓰구(晴継), 하루유키(晴幸), 하루무네(晴宗), 고스케(広資), 사다요시(定吉), 쓰네아키(経昌), 기요사다(清貞) 등이 무리지어 가마쿠라로 가 막부를 섬겼다. 그러나 가모 일족은 수도의 조정에서의 지위가 아베 가문보다 우세했기 때문에 수도에 남았다. 이리하여 음양사들은 막부 직속의「막부 음양사(幕府陰陽師)」가 되었다. 음양사의 제사는 헤이안 시대보다 늘었으며 음양사는 귀하게 대해졌다.

가마쿠라 막부가 음양도를 적극적으로 받아들이기 시작한 것은 삼대 장군 미나모토노 사네토모(源実朝)[1] 때부터로, 사네토모가 암살당한 뒤 수도에서 구조 요리쓰네(九条頼経, 아명 미토라(三寅))가 불려와 4대 장군이 되자 그러한 경향이 더욱 강해졌다.

조큐(承久) 3년(1221)에 고토바(後鳥羽) 상황[2]이 막부의 집권(執権)*인 호조 요시토키(北条義時)를 치라고 명령하는 선지를 전국에 발하여 거병한 조큐의 난 때 막부 측에서는 음양사인 아베노 야스사다(安倍泰貞), 아베노 지카모토(安倍親職), 아베노 노부카타(安倍宣賢)를 불러 싸움의 승패를 점치게 하였다. 그리고「가마쿠라 측이 승리한다」는 결과를 얻었다.

당시의 가마쿠라 고케닌(御家人)[3]에게 있어 아직 수도의 천황가는 절대적인 권위가 있었으며 이에 맞서기 위해서는 상당한 각오가 필요했다. 요시토키조차 고케닌들에게「(만약 천왕이 친정해 오면)갑옷을 벗고 바로 투항하라」라고 명령했을 정도였다. 그럴 때 음양사가 점친「가마쿠라측 승리」의 결과는 전의를 상당히 고양시켰다고 여겨진다. 그리고 음양사

※1 미나모토노 사네토모(1192~1219) 가마쿠라 막부 제3대 장군으로, 어머니는 호조 마사코(北条政子). 형 요리이에(頼家)의 아들, 구교(公暁)에게 살해당했다
※2 고토바 상황(1180~1239) 가마쿠라 초기의 천황. 1198년에 쓰치미카도(土御門) 천황에게 양위하고 원정을 한다. 조큐의 난에서 패해 오키로 유배된 뒤 사망했다
*집권: 가마쿠라 막부에서 쇼군을 대신하여 막부의 정무를 총괄하던 직책 (역주)

가마쿠라 시대의 음양사 살인 사건

가마쿠라 시대의 역사서인 『아즈마카가미(吾妻鏡)』에는 음양사에 대한 기록도 많다. 간겐(寬元) 2년(1244) 1월 20일에 음양사인 아베노 나리시(安部業氏)가 살해당한 사건의 경우 다음해 8월에 누각박사인 아베노 야스쓰구(安倍泰継)와 대선권량(大膳権亮)*인 아베노 다카토시(安倍孝俊)가 범인으로 붙잡힌 일까지 기록되어 있다.

범인인 아베노 야스쓰구는 가즈사(현재의 치바 현 중앙부)로 유배되고 아베노 다카토시는 시모쓰케국(현재의 도치기 현)으로 갔다고 한다. 음양사가 살해당한 사건이 기록된 것은 드문 일이다.

아즈마카가미

가마쿠라 막부가 편찬한 역사서. 장군마다의 편년체로, 1180년의 모치히토 왕의 거병부터 1266년 장군 무네타카 친왕이 귀경할 때까지의 87년간을 일기 체제로 기록했다. 가마쿠라에 수많은 음양사들이 찾아와 막부에 중용되었음은 공식 역사서인 아즈마카가미에 매우 상세하게 음양사가 치른 제사, 활동 기록이 남아 있는 것을 통해서도 알 수 있다

호조 마사코의 연설

『아즈마카가미』에 따르면 조큐의 난에서 가마쿠라측이 승리한 것은 동요하는 고케닌을 앞에 둔 막부 초대 장군인 미나모토노 요리토모의 아내, 호조 마사코가 「모두 마음을 하나로 하고 들으십시오」라며 눈물지으며 죽은 요리토모의 은혜에 보답하자고 호소하고, 감동한 고케닌들이 분기했기 때문이라고 한다.

호조 마사코
(北条政子, 1157~1225)

비구니의 신분이면서 장군의 일을 했다고 하여 니장군이라 불렸다. 『아즈마카가미』속의 마사코의 연설은 「미나모토노 요리토모 공의 은은 산보다 높고 바다보다 깊다」등 어딜 떼어 봐도 마음을 울리는 명문이다

들은 삼만육천신제(三萬六千神祭)[4]나 속성제(屬星祭)(27p), 천조지부제(天曹地府祭)(30p)를 지내 전쟁의 승리를 기원했다.

　이러한 음양사들의 노력의 결과인지 「조큐의 난(承久の乱)」은 가마쿠라 막부의 대승으로 끝났으며, 야스사다 일행은 막대한 상을 받았다. 또 음양도의 효용을 깨달은 요시토키에게 그 뒤에 더더욱 중용되었다.

세계의 주요 사건
정강의 변

정강 2년(1127), 송의 수도인 변경(개봉의 옛 이름)에 북방의 금나라 군사가 쳐들어와 휘종(徽宗), 흠종(欽宗)을 비롯한 조정의 관리 3천명 남짓이 금에 납치되었다. 이로 인해 송(북송)은 한 번 멸망하나, 고종(高宗)이 남송에서 즉위하여 남송으로 명맥을 이었다.

※3 가마쿠라 시대, 장군가와 주종관계를 맺은 무사.
※4 천재·괴이 등을 없앨 목적으로 지낸 음양도의 제사.
*대선권량: 일본의 율령제도에서 궁내성에 속한 사관으로 신하에 대한 식사를 제공하는 기관인 대선직에 속한 관료. 계위는 종오위하 (역주).

1년의 길흉을 점치는 구요란

일월화수목금토의 칠요성에 나후성과 계도성을 더한 것을 구요라고 한다. 사람들이 그 해에 어떤 별에 들어맞느냐에 따라 1년을 정하는 구요점이 있다. 자신이 그 해에 어떤 별에 들어맞는지는 세는나이로 결정한다. 태어난 해의 12월까지를 한 살로 보고 한 살은 일요성, 두 살은 월요성, 세 살은 나후성…이라는 식으로 아홉별이 순서대로 돌아서 다시 일요성으로 돌아간다

헤이안~무로마치
시대(8~15세기)

수요사와
음양사

① 일요성…순풍이 부는 배처럼 잘 된다

② 월요성…만사를 조심스럽게 하면 복이 있을 것

③ 나후성…악성. 아무것도 안 하는 편이 좋다

④ 토요성…길흉 반반이다

⑤ 수요성…일을 하면 이익이 생긴다

⑥ 금요성…싸움이 생기기 쉽다

⑦ 화요성…재앙이 일어나기 쉬운 해다

⑧ 계도성…만사가 안 좋은 해

⑨ 목요성…모든 일이 순조로우나, 나무를 베어서는 안 된다

헤 이안 시대에 천문을 보고 길흉을 점치는 자로는 음양사만이 아니라 수요사(宿曜師)라는 존재도 있었다. 수요도(宿曜道)는 인도에서 유래한 고대 동양의 점성술로 일본에는 밀교의 한 분야로 들어왔다. 그 기술로 점성술을 하는 자를 수요사라고 하며 대부분 밀교승이었다.

똑같이 천문을 보는 자들이었으나 음양사와 수요사는 대립하는 일이 잦았다. 그러나 달력 제작에 능했던 가모노 야스노리(69p)의 아들인 가모노 미쓰요시가 수요사인 닌소(仁宗)와 손을 잡고 달력 제조의 주도권을 쥐는 데 성공하여 한동안 음양사와 수요사의 밀월이 이어졌다. 그러나 미쓰요시의 손자인 가모노 미치히라(賀茂道平)의 대가 되어서는 달력 제작에 자신을 가진 가모 가문은 수요사를 잘라내었다. 이로써 가모 가문의 역도 독점이 시작되었으며 다시 음양사와 수요사는 대립하는 관계가 되었다. 가마쿠라 막부에서는 음양사와 함께 수요사도 중용되었는데 특히 별에 관한 기도에 대해서는 수요사 쪽이 우세했다

※1 상상 속의 천체. 인도에서는 '라프라'라고 한다. 일식이나 월식을 일으키는 힘을 지녔다고 믿어졌다
※2 상상 속의 천체. 인도에서는 '케투'라고 한다. 달의 궤도면인 백도, 태양의 궤도면인 황도의 교차점이라고도 한다

가마쿠라 시대의 수요사들

가마쿠라 시대에 활약한 수요사는 천태종의 흐름을 받아들인 진카 계열인 이가 많았다. 분에이(文永) 4년(1267)의 일식어수법(日蝕御修法)에 참가한 자로는 진이(珍弐), 진이(珍意), 진켄(珍憲), 세이산(聖算)이 있으며, 오초(応長) 원년(1311)에 고후시미(伏見) 상황의 후궁인 사이온지 네이시(西園寺寧子)가 출산할 때의 기도에도 진코(珍幸)가 칠요공(七曜供, 일월화수목금토의 칠요를 기리는 수법)을 지냈다.

당시의 우수
(염소자리)의 형상

음양도가 도교계의 이십팔수의 성도를 쓰는 것과는 달리 수요도에서는 인도에서 유래한 이십칠수의 성도를 사용했다. 이십칠수는 달이 지나가는 길인 백도를 균등하게 27개의 공간으로 분할하였기 때문에 태양이 지나가는 길인 황도를 28로 나눈 이십팔수와는 성좌에 차이가 생겼다. 그렇기 때문에 이십칠수에는 우수(염소자리)가 없다

우수(염소자리)

우수의 신을 구상화한 그림. 이십팔수의 성좌는 각각 신격화되었다

구카이(空海, 774~835)

홍법대사(弘法大師)라고도 한다. 진언종의 개조. 804년에 견당사로서 입당하여, 아사리인 혜과(惠果)에게서 밀교를 전수받아 양계만다라를 일본에 가져왔다.

태장계만다라(胎藏界曼茶羅)

『대일경(大日經)』이라는 밀교 경전에 기인하여 그려진 만다라. 대일여래의 위대한 자비가 깨달음으로 이끈다

금강계만다라(金剛界曼茶羅)

『금강정경(金剛頂經)』을 기반으로 그려진 만다라. 금강이란 다이아몬드로, 금강계란 금강과도 같은 심리의 영역을 뜻한다

구카이가 가져온 수요도

수요도는 헤이안 초기에 구카이가 밀교와 함께 일본에 가져왔다. 수요도란 밀교 점성술을 뜻하는 말로 구카이는 『문수사리보살급제선소설길흉시일선악수요경(文殊師利菩薩及諸仙所說吉凶時日善惡宿曜經)』이라는 점성술에 관한 교과서이자 수요도의 경전을 당에서 일본으로 가져왔다. 이십칠수를 바탕으로 인간의 성격, 운명, 인간관계, 하루하루의 길흉의 점술이 적혀 있다. 헤이안 중기에 『겐지모노가타리(源氏物語)』를 저술한 무라사키 시키부는 이야기 속에서 어린 시절의 겐지를 점친 수요사에게 「제왕이 되면 나라가 흔들리나, 신하가 되면 좋다」고 말하게 하거나, 훗날 겐지의 아이가 「천황, 황후, 태정대신이 된다」고 점치는 씬 등, 종종 수요사를 등장시키고 있다.

고 하며 그때까지 음양도에는 없었던 나후성(羅睺星)[1]이나 계도성(計都星)[2]을 많이 기리게 되었다.

그러나 오에이(応永) 24년(1417), 헤이안 시대 말기에 진카(珍賀)가 창건한 수요도의 본거지 북두강림원(北斗降臨院)[3]이 화재로 소실되자 수요사는 역사의 표면에서 모습을 감추게 되었다.

세계의 주요 사건
징기스칸 즉위

그때까지 분열했던 몽골의 각 부족을 통일한 테무진은 1026년에 쿠릴타이를 열어 몽골 제국의 대칸이 되었다. 이때부터 징기스칸이라 불리게 되었으며 중국에서 이슬람에 이르는 대제국을 이룩했다.

※3 야마시로 국 아타고군(교토부 교토시)에 존재했던 시설

밀교의 오단법으로 받들어지는 오대명왕

북방

금강야차명왕
(金剛夜叉明王)

불공성취여래(不空成就如來)의 화신. 사람을 공격하는 마신이었으나, 대일여래의 위덕으로 불교에 귀의했다

부동명왕(不動明王)

명왕 중에서도 최고의 위치. 대일여래(大日如來)의 화신이다. 힌두교의 최고신 시바가 밀교에 받아들여진 모습

중앙

서방

대위덕명왕
(大威德明王)

농경의 수호자, 전승기원에 쓰였으며, 물소를 탄 모습으로 그려진다 아미타여래(阿彌陀如來)의 화신

동방

군다리명왕
(軍茶利明王)

보생여래(寶生如來)의 화신. 모든 사악한 것을 쫓아내고 번뇌를 제거한다

남방

항삼세명왕(降三世明王)

삼세란 「과거, 현재, 미래」의 세 가지를 의미한다. 세 세계를 조복한다. 아축여래(阿閦如來)의 화신

밀교와 음양도는 결합하고 정치에 결부되어 각각 새롭고 매력적인 제사를 만들어내 천황, 귀족의 관심을 끌었다

무로마치 시대
(14~16세기)

무로마치 시대의 음양사

아 시카가 다카우지(足利尊氏)가 일으킨 무로마치 막부는 수도에 설치되었기 때문에 궁정 음양사(음양료가 주도한 궁정 내의 음양도)가 그대로 채용되는 형태가 되었으나 주도권을 쥔 것은 가마쿠라에 가지 않았던 아베노 야스시게의 계통을 이어받은 자들이었다.

특히 삼대 장군인 아시카가 요시미쓰(足利義滿)의 시대에 활약한 것이 아베노 아리요(安倍有世)이다. 당대 제일의 음양사라 이름 높았던 아리요는 에이와(永和) 4년(1378)에 요시미쓰의 측실의 어산기도(御産祈祷)를 지냄으로써 중용되기 시작하였으며 이윽고 요시미쓰의 전속 음양사로서 활약하게 된다. 메이토쿠(明德) 2년(1391) 10월에 지진이 있었을 때도 아리요는 「세상에 역신이 나와 75일 안에 대란이 있으나 하루 만에 진압된다」고 점의 결과를 말하였다. 과연 그 말대로 12월에 야마나 우지키요(山名氏清)가 「메이토쿠의 난(明德の乱)」을 일으키고 하루 만에 패하여 막부군이 압승했다. 그리고 요시미쓰는 천황가만 지낼 수 있었던 「오단법(五壇法)」[1]을 아리요에게 지내도록 시켰는데 이는 귀족사회의 전속이었던

※1 오단법이란 밀교의 수법 중 하나. 중앙에 부동명왕, 동쪽에 항삼세명왕, 서쪽에 대위덕명왕, 북쪽에 금강야차명왕, 남쪽에 군다리명왕의 오대명왕을 안치하고 받든다

염라대왕　세이메이 소생도　부동명왕

아베노 세이메이

아베노 세이메이와 부동명왕상

교토의 진여당(교토시 사쿄구)에는 아베노 세이메이의 염지불로 여겨지는 부동명왕상이 있다. 무로마치 시대에 세이메이의 자손인 아베노 아리키요(安倍有淸)가 이 부동명왕상의 반환을 요청했기 때문에 당궤에 넣어 저택으로 반환되었다. 그런데 궤는 가모가와(江) 위에서 갑자기 가벼워졌는데, 열어보자 안이 텅 비어 있었고 부동명왕상은 진여당으로 돌아가 있었다. 그래서 지금도 진여당에 안치되어 있다고 한다.

세이메이가 염라대왕에게 받은 금인을 본뜬 것이 이 「오행지인(五行之印)」. 이것은 진여당의 고슈인*으로 받을 수 있다

진여당에는 아베노 세이메이의 염지불인 부동명왕상 외에도, 아베노 세이메이가 죽었을 때 부동명왕이 염라대왕과 담판을 지어 되살렸다는 에피소드를 그린 족자(세이메이 소생도)와 그때 세이메이가 받았다는 사람을 극락정토로 인도하는 금인도 있다. 금인은 비인으로 여겨져 볼 수 없으나, 족자 쪽은 정기적으로 관람할 수 있다

노에도 받아들여진 음양도

무로마치 시대에 간아미가 이룩한 「노(能)」를 더욱 발전하고 완성시킨 제아미가 저술한 『풍자화전(風姿花伝)』에는 「일체는 음양의 화를 이루는 곳의 경을 성취했다고 알아야 할 것」이나 「잠깐 사이에도 오도키(男時, 뭘 하든 잘 풀리는 양의 시기), 메도키(女時, 뭘 해도 잘 안 되는 음의 시기)도 있을 것」 등, 음양도의 사고방식에 기반을 둔 구절이 있다.

남면

십육의 면. 십육이란 다이라노 기요모리의 조카 아츠모리(敦盛)가 전사한 연령이다. 천진난만한 소년의 풍모를 지니고 있다

여면

증녀의 면. 「우의(羽衣)」나 『길야부인(吉野夫人)』 등의 천녀가 쓰는 가면. 단정한 얼굴인 것이 많다

음양사를 이용하는 것으로 막부의 권위가 조정보다 위에 있음을 세간에 알리는 과시 행위였다. 이윽고 아리요는 종이위비참의형부경(從二位非參議刑部卿)이라는 음양사 사상 최고의 지위를 얻고 죽는데 훗날 이 아리요의 자손이 쓰치미카도(土御門) 가문※2과 공경의 이름을 얻고 음양도계를 석권해 가게 된다.

세계의 주요 사건
조선 성립

고려의 수도인 개경을 점령한 몽건적과의 싸움과 침공해 온 원나라 군과의 공방전에 승리하여 두각을 드러낸 이성계는 1392년에 즉위하여 이씨 조선의 초대 왕이 되었다. 이씨 조선은 그 뒤 500년 넘게 존속하게 된다.

※2 가모 가문도 가모노 아키히로가 3위에 올라, 손자가 「가데노코지(勘解由小路) 가문」이라 이름을 바꾸었다. 무로마치 시대에 가모·아베 가문 모두 공경이 되었다
*고슈인: 일본에서 사찰과 신사를 참배한 증거로 받을 수 있는 장식용 인장(역주)

곤궁해진
음양사들

전란의 수도에서 와카사의 나타쇼로 피난한 음양사

나타쇼는 수도에서 약 50km

후쿠이현 남서부에 위치한 산림 지대. 현재의 후쿠이현 오오이초 부근. 음양료전의 지행지(급사, 주어진 토지)였다고 한다

나타쇼에 남은 아베 가문의 묘

후쿠이현 오오이군 오오이초에 아베 가문(쓰치미카도 가문) 삼대의 묘가 남아 있다. 나타쇼에 오래도록 머물렀던 것은 음양두에서 물러난 아베노 아리하루(安倍有春)와 그 아들인 아베노 아리나가(安倍有修)였다

지금도 치러지는 음양도의 제사

후쿠이현 오오이군 오오이초의 쓰치미카도 본청에서는 「호시마쓰리(星祭り)」를 매년 입춘 날에 지낸다. 제단 앞에서 「파마궁노현의의(破魔弓喀弦ノ儀)」라 하여 하늘과 지면을 향해 화살을 쏘는 몸짓으로 사방의 더러움을 씻어낸다

무 로마치 시대 후반, 쇼군 가문의 후계자 싸움을 계기로 호소카와씨(細川氏)와 야마나씨(山名氏)가 싸운 「오닌의 난(応仁の乱)」이 일어났다. 수도를 무대로 11년이라는 오랜 세월 동안 벌어진 이 진흙탕과도 같은 전란으로 수도는 폐허가 되고 장군 가문의 권위는 실추되었으며, 음양도도 위기상황에 빠졌다. 음양사의 수입원인 제사의 요청이 격감하여 천재지변이 있어도 길흉을 점치는 의뢰를 받는 일이 없어졌다. 공가에도 무가에도 그런 여유가 없어졌기 때문이다. 또 「오닌의 난」부터 전국시대로 돌입하는 와중 쇼군가마저 수도에서 도망치는 사태가 일어나 공가들도 잇따라 지방으로 도망쳐 갔다. 아베 가문(쓰치미카도 가문)도 수도에서는 살아갈 수 없게 되어 영지인 와카사의 나타쇼에서 지내는 경우가 많아졌다. 이에 반해 달력의 수요는 늘어만 가 이즈음에는 사본으로서가 아니라 판본에 따라 널리 민간까지 배포되게 되었다. 역도의 가문인 가모 가문에서는 그러한 달력을 대량으로 만드는 스리고요미자(摺曆座)※1에 역서를 도매하는 것을 통해 마진을 얻었으며,

※1 달력을 유포하는 업자로 이루어진 조직체
※2 가모노 아키토미(1490~1565). 가모 가문의 당주. 아베 가문의 아키타카를 양자로 삼았다

라플(襞襟, 히다에리)
유럽에서 유행한 옷깃 크리스천
다이묘나 무사가 착용했다

크리스천이 된 음양사

아베 가문에서는 아리요의 증손자에 해당하는 아베노 아리노부부터 정식으로 쓰치미카도 가문을 자칭하게 되었으며, 가모 가문에서는 가모노 아키사다와 가모노 아키나가부터 가데노코지 가문을 자칭하게 되었다. 가데노코지 아키토미에게는 외동아들인 아키마사가 있었으나 가업인 음양도를 버리고 크리스천이 되어 규슈로 도망쳐 버렸기 때문에 쓰치미카도 아키타카가 양자로 들어와 가데노코지 아키타카가 되어 뒤를 이었다. 그러나 기록에 따르면 아키마사는 훗날 수도로 돌아와 궁정에 중용되었다고 한다.

가데노코지(가모) **아키마사**
(勘解由小路(賀茂)在昌, 1520?~1599)
예수회의 사제로서 1563년에 방일한 루이스 프로이스
(Luís Fróis)의 저작 『일본사(Historia de Japam)』에 크리스천
이 된 천문학자 「아키마사」에 대한 이야기가 적혀 있다

예능의 길을 걸은 음양사

무로마치 막부의 쇠퇴와 함께 음양사는 차츰 영락하였으나 한편 무수한 민간음양사들이 전란을 피해 지방으로 내려갔다. 그러한 음양사들 중에는 사루가쿠나 구세마이 등을 하는 창문사가 되는 자도 나타났다. 그들의 특기였던 설화 중에 특히 유명한 것이 오구리 판관으로, 데루테히메와 사랑하는 사이였기 때문에 독살당한 오구리 판관이 지옥에서 염라대왕의 동정을 사 아귀의 모습이 되어 이 세상에 되살아나 수많은 사람들의 선의로 이끌리는 차에 타 구마노의 탕인 미네 온천에 몸을 담그고 원래대로 돌아와 데루테히메와 맺어진다는 이야기는 그러한 창문사들이 퍼짐과 함께 민간으로 전파되어 간 이야기의 하나이다.

오구리가 독살당한 뒤 인신매매자의 손으로 각지에 팔려, 역참에서 하녀로서 중노동을 했다. 오구리의 공양을 위해 광인 행세를 하며 아귀아미가 탄 차를 이끈다

데루테히메(照手姫)

오구리(小栗, 아귀아미의 모습)

데루테히메와의 결혼에 반대한 공주의 일족에게 독살 당했으나 염라대왕에 의해 현세에 아귀의 모습으로 되살아났다. 아귀아미라 이름 붙여진 차에 이끌려 구마노의 탕으로 향한다

수도에서 떨어지지는 않았으나 가모노 아키토미(賀茂在富)[2](가데노코지 아키토미(勘解由小路在富))에 후계가 없어진 뒤로는 쓰치미카도에서 양자를 받아 겨우 명맥을 잇는 꼴이 되어 가모씨의 적통은 이때 끊겨 버렸다.

> ### 세계의 주요 사건
> #### 장미전쟁
> 영국의 왕위를 둘러싸고 1455년부터 1485년까지 랭커스터 가문과 요크 가문 사이에서 내란이 일어났다. 랭커스터 가문의 문장이 붉은 장미, 요크 가문의 문장이 흰 장미였기 때문에 이 내란은 「장미 전쟁」이라 불린다.

제 5 장 음양도와 음양사의 역사 Ⅱ

전국
시대의
음양사

음양사를 정치적으로 이용한
도쿠가와 이에야스
(德川家康, 1542~1616)

쓰치미카도 가문, 가모 가문의 이대 음양도 종가를 도쿠가와 가문의 수하로 두었다. 막부 안정을 위해 음양도를 사용했다

음양사를 전쟁에서
이용한 오다 노부나가
(織田信長, 1534~1582)

점이나 저주를 믿지 않는 합리주의자였으나 『나가시노합전도병풍(長篠合戦図屛風)』에는 군의에 음양사 계열의 사람들이 가세하는 모습이 그려져 있다

철저하게 탄압한
도요토미 히데요시
(豊臣秀吉, 1537~1598)

음양사들을 강제적으로 오와리에 이주시켰다. 이를 『음양사 사냥(陰陽師狩り)』이라 한다. 이 이전에도 『창문사 쳐내기(唱門師払い)』로 창문사 등의 민간 음양사를 추방했다

진바오리에 『육망성』을 꿰맨 음양사들. 아베 가문의 문장은 『오망성(五芒星)』이었으므로 아시야 도만에서 이어져 온 민간계 음양사일 가능성이 있다

나가시노 전투의 음양사

1575년의 『나가시노 전투(長篠の戦い)』를 그린 『나가시노합전도병풍』에는 노부나가의 본진에 『육망성(六芒星)』을 짊어진 음양사들이 있다. 음양사가 병법과 결부되어 군사가 되기도 하였다고 하며, 오다 노부나가의 군사, 야마모토 간스케도 음양사계열의 군사였을 가능성이 있다. 『무경칠서(武經七書)』라 불린 일곱 종류의 병법서 중 『육도(六韜)』는 천문점성술의 일종으로, 음양료에서도 읽혔다

위의 캡션은 사이토 에이키(斎藤英喜) 『음양사들의 일본사(陰陽師たちの日本史)』(KADOKAWA/카도카와 학예출판 2014)를 참고하여 작성

쓰치미카도 가문에서 양자를 받아들여 어떻게든 명맥을 이은 가데노코지 가문이었으나, 양자인 아키타카(在高)가 23세의 젊은 나이로 죽어 버려 또 다시 쓰치미카도 아리나가(土御門有脩)의 아들인 히사나가(久脩)를 양자로 들였다. 그런데 이번에는 아리나가가 급사해 버려 히사나가는 다시 쓰치미카도 성으로 돌아가 쓰치미카도 가문의 뒤를 잇게 되었다. 이리하여 역도의 가모 가문과 천문도의 아베 가문의 두 음양도는 히사나가 한 사람이 이어받게 되었다.

이윽고 분로쿠(文禄) 4년(1595), 도요토미 히데요시가 모반의 혐의가 있다 하여 조카인 도요토미 히데쓰구(豊臣秀次)에게 할복을 명했다. 이때 히사나가도 연좌되어 영지를 몰수당하고 오와리로 유배되었다. 죄명은 히데쓰구의 사주로 히데요시의 자식인 히로이마루(拾丸, 훗날의 도요토미 히데요리(豊臣秀頼))를 저주했다는 것이었으나 진실인지는 알 수 없다. 히데요시는 교토, 오사카, 나라의 음양사 백여 명도 황무지를 개간한다는 목적으로 오와리 주변

히데요시의 마음의 어둠

도요토미 히데요시에게는 자식이 없었기 때문에 누이의 아들인 히데쓰구가 뒤를 이을 예정이었다. 그러나 측실인 요도기미(淀君)가 히로이마루를 낳아, 자신의 아들에게 뒤를 잇게 하고 싶어진 히데요시가 히데쓰구의 모반 사건을 지어낸 것이 아니냐는 설이 있다. 모반의 혐의를 쓴 히데쓰구는 다카노산에 유폐된 뒤 할복을 명받고, 그의 처자식 30명 이상이 수도의 산조가와라에서 참수당했다.

교토의 즈이센지(瑞泉寺)에는 그의 공양탑이 남아 있다. 처형당한 히데쓰구의 아내, 애첩, 시녀, 자식들 39명의 유체는 강변에 판 구멍에 던져 넣어졌다. 묻힌 땅 위에는 먼저 자살한 히데쓰구의 목이 들어간 돌함이 놓였다. 돌함에는 히데쓰구가 할복한 7월 15일의 날짜와 「악역총(惡逆塚)」이란 문자가 새겨졌다. 이윽고 무덤은 가모가와로 흘러가 1611년, 수도의 호상인 스미노 구라료이(角倉了以)가 히데쓰구의 묘석을 우연히 발견하여 공양을 위해 즈이센지를 건립했다

교토의 즈이센지에 있는 공양탑

에도 막부를 위해 기도를 시작하다

도쿠가와 이에야스에 의해 부활한 음양료에서는 막부를 위해 미노히노하라에(巳日祓), 나고시노하라에(夏越祓)를 매년 지내고, 또 쇼군이 입궐할 때는 미가타메(身固)를 하며, 장군선하 때는 천황이 즉위할 때처럼 천조제부제를 벌이는 등, 조정과 막부 양쪽의 국가기원과 연중행사를 함께 맡게 되었다.

나고시노하라에

6월 그믐에 지낸다. 역신을 「다독여(나고시테)」쫓기 때문에 「나고시」라 불리게 되었다고 한다. 띠고리를 넘는 경우도 있다(149p 참조)

음양사가 더러움을 강에 흘려보내고 있다

으로 일제 추방시켰으며, 이러한 탄압으로 헤이안 시대 이후 오래도록 이어져 온 궁정 음양사는 일단 절멸하게 된다.

그러나 히데요시 사후, 세키가하라 전투에 승리하여 천하인이 된 도쿠가와 이에야스가 히사나가를 수도로 불러들인 덕분에 음양도는 부활하고, 음양두가 된 히사나가는 이에야스, 히데타다(秀忠)의 2대 장군의 미가타메 의식을 치렀다.

세계의 주요 사건

종교개혁

16세기 전반, 로마 교황이 돈으로 구제될 수 있다는 「면죄부」를 판매하기 시작한 것에 반대하여, 루터 등이 시작한 교회 개혁은 훗날 커다란 종교 개혁이 되어 기독교가 가톨릭과 프로테스탄트로 양분되었다.

서양의 지식을 받아들여 새로운 달력을 만들다

자네의 지식은 놀랍구나

1680년대 에도의 한 장면

선생님, 이 별의 움직임은…

혼천의

에도 시대
(17~18세기)

쓰치미카도 가문이 전국의 음양사를 통괄

쓰치미카도 야스토미
(土御門泰福, 1655~1717)

쓰치미카도 가문 중흥의 시조. 주자학자인 야마자키 안사이가 제창한 스이카 신토의 영향을 받아 쓰치미카도 신토(천사신도)를 창설한다. 새로운 음양도의 체제를 이룩했다. 야스토미는 하루미보다 연하였으나 두 사람의 관계는 양호했다고 한다. 하루미가 만든 새로운 달력「조쿄력」도 하루미가 쓰치미카도 가문에 입문하고 쓰치미카도 가문에게서 전수받아 음양료에서 헌상한 형태를 취했다

시부카와 하루미
(渋川春海, 1639~1715)

막부의 관할 하에 있는 바둑 기관「기소(碁所)」의 종가에서 태어났다. 역학·수학을 배우고 서양천문학을 받아들여 창설된 막부의「천문방(天文方)」에서 종사했다. 그때까지 음양료가 매년 달력을 만들어 왔다. 9세기부터「선명력(宣明曆)」을 채용하였는데 실제 천체의 운행과 이틀의 오차가 생겼다. 개력을 목표로 세 번 진언하여 1684년(조쿄 원년), 새로운 역서「조쿄력(貞享曆)」을 발행했다

가모 가문을 병합해서 천문도도 역도도 한 손에 장악한 아베 가문(쓰치미카도 가문)이었으나 일식이나 월식을 빗맞히는 일도 많아졌다. 겐나 4년(1618)에는 가모 가문의 분류로 전국의 창문사(63p)를 통괄하던 고토쿠이 도모카게(幸德井友景)※1가 음양두가 되고, 그때까지 음양두와 음양조를 독점하던 쓰치미카도 가문의 지배에 그늘이 지기 시작했다. 이에 위기감을 느낀 쓰치미카도 야스토미의 활약으로 덴나(天和) 3년(1683), 「음양도 지배를 지금 이후로 안가(아베 가문)가 도맡도록 하라」는 레이겐(靈元) 천황의 윤지가 내려지고, 5대 쇼군인 도쿠가와 쓰나요시(德川綱吉)도 주인장(朱印状)*을 내려 쓰치미카도 가문은 다시 음양도의 본산으로서의 지위를 획득하고 전국의 음양사에게 면허를 줄 권리를 얻게 되었다.

야마자키 안사이(山崎闇斎)※2나 나카가와(아라키다) 쓰네테루(中川(荒木田)経晃)※3에게 신토를 배운 야스토미는 이에 음양도의 요소를 가미하여 쓰치미카도 신토라 불리는 독자적

※1 무로마치 시대에 가모노 사다히로에게 배운 아베노 도모우지의 차남·도모유키가 1419년에 사다히로의 양자가 되어 훗날 고토쿠이 가문 초대가 되었다.
※2 야마자키 안사이(1618~1682) 유학자·신도가. 교토의 침의사 가문에서 태어나 15살에 삭발하여 중이 되나 29살에 환속. 황통수호

막부가 역서를 장악하고 음양료에서 천문방으로

무로마치 시대에서 전국시대에 걸쳐 중앙정부의 힘이 약해졌기 때문에 관에서 지방으로 달력의 분포가 정체되어 각 지방에서는 각자 독자적인 달력을 만들게 되었다. 그러나 1684년, 시부카와 하루미에 의해 「조쿄력」이 만들어지자 조력과 분포는 막부의 천문방이 장악하게 되었다. 시부카와 하루미가 개력하고 823년에 걸쳐 쓰인 「선명력」을 기반으로 한 역서는 종지부를 찍었다. 음양료에 의한 달력의 지배는 종언을 맞이했다.

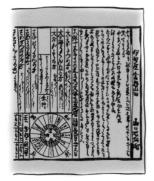

조쿄 2년 이세고요미

이세에서 간행된 지방력. 이세진구의 어사(기도사)가 전국에 팔고 다녔다. 지방력은 각지의 역사가 제작하였으며 1684년의 이세력은 조쿄의 개혁 이후에는 내용이 통일되었다. 이세력은 간행부수가 200만부를 넘었다고 한다

쓰치미카도의 천문의기

레이겐 천황의 윤지로 조력의 권리는 쓰치미카도 가문이 쥐었기 때문에 시부카와 하루미는 쓰치미카도 야스토미의 제자가 되어 교토의 쓰치미카도 저택에 천문대를 만들고 혼천의나 해시계, 앙의나 규표의 등의 의기를 설치하여 일영관측을 하였다. 지금도 우메코지에 있는 겐코데라(쓰치미카도 저택 터)에는 그때 쓰였던 혼천의의 대석이 남아 있으며 우메바야시데라에는 규표의의 대석이 남아 있다.

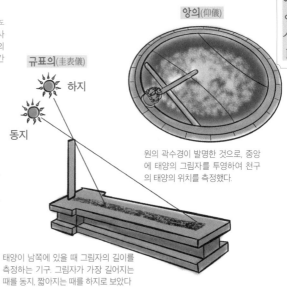

앙의(仰儀)

규표의(圭表儀)

하지

동지

원의 곽수경이 발명한 것으로, 중앙에 태양의 그림자를 투영하여 천구의 태양의 위치를 측정했다.

태양이 남쪽에 있을 때 그림자의 길이를 측정하는 기구. 그림자가 가장 길어지는 때를 동지, 짧아지는 때를 하지로 보았다

인 신토를 열고 이후의 쓰치미카도 가문은 유가신도계(儒家神道系)[4]의 종교 가문으로 전환해 갔다.

훗날 야스토미는 천문방(에도 막부의 천문력 등을 담당하는 직무)의 시부카와 하루미를 제자로 들이나 이는 어디까지나 쓰치미카도 신도의 제자이며 천문이나 달력에 대해서는 하루미가 야스토미를 가르쳤다는 것으로 보아 이 시기의 쓰치미카도 가문의 천문과 달력에 관한 지식은 하루미에게 한참 미치지 못했던 듯하다.

세계의 주요 사건
태양왕 루이 14세

1643년, 루이 14세가 프랑스 국왕으로 즉위했다. 루이 14세는 최강의 육군력을 구사하여 영토를 확장하고 장려한 베르사이유 궁전을 조영하는 등 부르봉 왕조의 최전성기를 이룩하였으며, 「태양왕」이라 불렸다.

를 본지로 한 스이카 신토를 제창했다.   *주인장: 주로 전국시대나 에도 시대에 걸쳐 다이묘나 쇼군이 발급한 공적 문서(역주).
※3 나카가와 쓰네테루(1650~1724) 신직·국학자. 이세내관의 신관으로, 이세신도의 스승이었다.
※4 에도 시대에 유교에 따라 해석되어 조직화된 신도설.

지금도 남아 있는 음양사가 퍼뜨린 행사

메이지 시대
(19세기 이후)

음양도가
역사의
무대에서
사라지다

히나마쓰리(雛祭) 미노히노하라에라는 재계 의식이 기원. 인형에 몸의
안 좋은 부분을 옮겨 강에 띄워 보냈다

인형을 강에 흘려보내지 않고 장식하게
된 것은 에도 시대 이후의 일

오색(검정(보라)·빨강·흰색·노랑·파랑
(녹색))의 단자쿠의 유래는 음
양오행에서 온 것이다

절분(節分)
추나(追儺)(149p)가 기원. 오니=역신을 조
복하는 의례. 콩은 음식이자 생명력의
상징. 콩을 주어서 인간계 밖의 세상으로
가 달라는 의미가 있다

칠석(七夕)
걸교전(乞巧奠)이 기원. 나라 시대에 조정의
행사로 채용되었다. 중국의 전설인 견우·직
녀의 두 별을 기린다. 직녀성에 재봉을 잘
하게 되기를 기도한 것으로 이러한 이름이
지어졌다

유일하게 음양가로서 남았던 쓰치미카도 가문이 에도 시대의 쓰치미카도 야
스토미 때 사활을 걸고 음양도에 신토의 행사를 받아들이고 종교성을 더하여
신토의 일파로서 성립시킨 것이 쓰치미카도 신토였다. 음양도와 신토의 융합
은 에도 시대부터 이미 시작되었다(130~131p 참조)

서 양 문명을 적극적으로 받아들였던 메이지 정부는 에도 시대 이전의 낡은 일본 문
화나 전통을 최대한 배제하고자 했다. 그 때문에 정부는 메이지 3년(1870)에 쓰치미
카도 신토의 활동을 문명개화에 어울리지 않는「사교(邪教)」라고 여기고 면허를 박탈하였
다. 그리고 다음해에는 태양력인 그레고리력※의 채용을 전망하여 쓰치미카도 가문의 조
력의 권리도 박탈하였다. 동시에 달력에 부속되는「역주(暦注)」도 미신이라 여겨져 모두 폐
지하였다. 쓰치미카도 가문이 면허를 주었던 각지의 음양사도 그때까지 주어졌던 관명이
나 대도 권리 등을 박탈당하고 모두 평민의 호적으로 들어갔다.

공적인 존재로서 언제나 권력의 곁에 있었던 음양사는 이렇게 역사에서 모습을 감추게
되었다. 그러나 우리는 지금도「이날은 결혼식을 올리기엔 날이 안 좋다」며 하루하루의 길
흉을 고려하거나 액년이 되면 신사에 가서 액땜을 하거나, 수험 전에는 부적을 받고 이를
지니고 시험에 임하고 있지 않은가. 권력자가 장악하고 있었던 공적인 음양도는 소멸해버

신토가 이어받은 음양도

메이지 시대가 되어 음양사의 중요한 업무 중 하나였던 달력 제작은 그레고리력으로 대신하게 되었으나 그 종교적인 일면의 대부분은 신토에 계승되었다. 신사에서 기도하거나 부적을 수여하는 등의 활동은 과거 음양사의 계보를 이어받은 것이다.

음양사가 관장하던 제사는 폐지되고 제도로서의 음양도는 폐지되었다. 그러나 일본인의 생활이나 사고방식, 신앙의 기초에 지금도 깊게 뿌리내려 있다

오오누사(大幣)

큰 꼬챙이에 단 폐백. 부정을 씻어낸다

육요의 의미

선승(先勝)	승부, 급한 일에 운이 좋은 날. 빠른 시각일수록 좋다고 한다
우인(友引)	무슨 일이든 승부가 나지 않는 날. 이 날에 장례를 치르는 것은 금기시된다
선부(先負)	급한 일을 피하고, 승부도 피하는 편이 좋다. 오전에는 특히 안 좋으나 오후에는 점차 좋아진다
불멸(佛滅)	육요 중에서 가장 안 좋은 날. 이 날에 병에 걸리면 오래간다고 한다
대안(大安)	육요에서 가장 좋은 날. 여행, 혼례 등 만사가 길이라 한다
적구(赤口)	적설신(극악이나 분노를 관장하는 신)이 사람들을 곤란하게 만들기 때문에 만사가 흉이라고 한다

사라지지 않았던 역주

음양도는 폐지되었지만 민간에서는 역주의 하나인 「건·제·만·평·정·집·파·위·성·납·개·폐」라는 십이직(19p)이 지금도 쓰이고 있으며, 또 제2차 세계대전 이후 음양도를 금지하는 법령이 폐지되자 똑같이 역주의 하나였던 「선승·우인·선부·불멸·대안·적구」라는 육요(六曜, 육휘(六輝))도 부활했다.

렸지만 민간에 퍼진 음양도적인 사고방식이나 습관은 사실 지금도 모습을 바꾸어 우리 주위에 많이 남아 있다.

세계의 주요 사건
수에즈 운하 개통

1869년 11월 17일, 수에즈 운하가 개통되었다. 운하 개통 이전에는 유럽에서 아시아로 가기 위해서는 아프리카의 희망봉을 돌아서 갈 수밖에 없었으나, 수에즈 운하가 개통됨에 따라 항해 시간을 대폭으로 단축할 수 있게 되었다.

예로부터
전해지는「야간 축제」

교토 야사카 신사의「기온마쓰리(祇園祭)」, 오사카 덴만구의「덴진마쓰리(天神祭)」, 도쿄 간다 신사의「간다마쓰리(神田祭)」는 일본의 삼대 마쓰리라 불리며, 낮부터 많은 관광객으로 붐빈다. 그러나 본래 일본의 마쓰리는 심야에 치러지는 것이 많았다. 밤은「눈에 보이지 않는 것」에 지배되는 시간이며 신도「눈에 보이지 않는 것」으로서 밤에 활동한다고 여겨졌기 때문일 것이다.

현재도 야간에 벌어지는 대표적인 마쓰리로는 음력 10월 10일, 이즈모타이샤의 이나사 해변에서 벌어지는「가미무카에신지(神迎神事)」가 있다. 이즈모 이외의 장소에서는 10월은 일반적으로 신이 없는 달이라는 뜻의「간나즈키(神無月)」라 불리나. 이즈모에서는 전국의 신들이 모이기 때문에 반대로 신이 있는 달이라는 뜻의「가미아리즈키(神在月)」라 불리는데 이「가미아리즈키」에 모이는 신들을 맞이하고 이즈모타이샤까지 안내하는 것이「가미무카에사이(神迎祭)」다. 마쓰리가 시작되는 때는 저녁이며, 밤이 되면 신들의 선도역인 용사신을 선두로 장대 끝에 큰 초롱을 들고 신을 맞이하는 길을 지나 이즈모타이샤로 나아간다. 이것을 보아도 신들은 밤에 움직인다 생각했음을 잘 알 수 있다.

그 외에도 지치부 신사의「지치부 요마쓰리(秩父夜祭)」나, 오쿠니타마 신사의「구라야미마쓰리(くらやみ祭)」등. 신들이 이동하는 메인 산차 행렬이 야간에 벌어지는 축제는 다 셀 수도 없으며, 다카치호 신사의「요카구라(夜神楽)」나 가모가와 신사의「미아레신지(御阿礼神事)」등 신들을 위로하기 위해 봉납되는 가구라나 춤도 야간에 치러지는 것이 많이 있다.

다카치호 신사의「요카구라(夜神楽)」

지치부 신사의「지치부요마쓰리(秩父夜祭)」

실생활에서
활용할 수 있는
음양도

음양도는 현대에도 일본의 풍습에 깊이 뿌리내리고 있
다. 이 장에서는 오행속성이나 구성 등의 점, 음과 양
의 음식 이야기나 건강에 좋은 경혈 누르기, 음양도와
연이 있는 신사 소개 등, 현대에도 활용할 수 있으며
도움이 되는 음양도에 대해 해설한다.

속성에 따라 상성을 안다

당신의 오행 속성은?

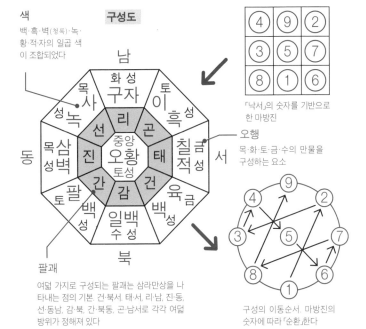

색
백·흑·벽(청록)·녹·황·적자의 일곱 색이 조합되었다

구성도

「낙서」의 숫자를 기반으로 한 마방진

오행
목·화·토·금·수의 만물을 구성하는 요소

팔괘
여덟 가지로 구성되는 팔괘는 삼라만상을 나타내는 점의 기본. 건·북서, 태·서, 리·남, 진·동, 선·동남, 감·북, 간·북동, 곤·남서로 각각 여덟 방위가 정해져 있다

구성의 이동순서. 마방진의 숫자에 따라 「순환」한다

일백수성의 해

오황토성이 중앙에 그려진 구성도는 가장 기본이 되는 그림으로, 이 구성도의 위치는 해마다 변화한다. 즉 일백수성의 해에는 일백중궁이라 하여 일백이 중앙에 오며, 이흑토성의 해에는 이흑중궁이라 하여 이흑이 중앙에 온다. 삼벽목성의 해에는 삼벽중궁이 되어 삼벽이 중앙에 온다는 식이다. 자신의 구성이 어느 위치에 있는지를 아는 것으로 길방향도 정해지는 것이다

낙수※에서 나타난 거북이 등딱지에 적혀 있던 「낙서(洛書)」(81p)의 숫자를 가로세로 세 개의 칸에 적어 넣으면, 가로·세로·대각선의 어느 쪽을 더해도 「15」가 된다. 이것은 서양에서는 마방진이라 불리는 것인데, 중국에서는 이에 「오행(五行)」과 「팔괘(八卦)」를 합체시켜 「구성도(九星圖)」라는 것을 만들었다. 여기서 생겨난 것이 「일백수성·이흑토성·삼벽목성·사녹목성·오황토성·육백금성·칠적금성·팔백토성·구자화성」의 구성이다. 그 사람의 생년월일에 대응하는 「구성(九星)」이 그 사람의 운명을 관장한다고 여겨졌다고 한다. 이를 본명성이라 한다.

자신의 구성을 알아내려면 생년월일의 서력의 수를 9로 나누고 남은 수를 11에서 빼면된다. 예를 들어 1997년생이라면 1997÷9는 나머지가 8이며, 1997년 출생인 사람은 11-8=3이므로 구성은 「삼벽목성」이며, 오행의 속성은 「목」이 된다. 그리고 그 속성을 「오행상극(77p)」과 「오행상생(77p)」와 합쳐 생각하면 「삼벽목성」인 사람은 「금」과 「토」인 사람과는

※낙양의 남쪽에 흐르는 황하 지류

오행으로 상성을 알아낸다

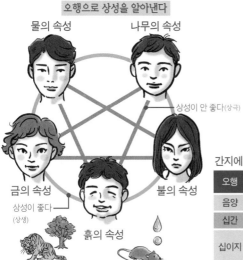

물의 속성

나무의 속성

상성이 안 좋다(상극)

금의 속성

불의 속성

상성이 좋다
(상생)

흙의 속성

인년의 속성은 나무

자(쥐)년의 속성은 물

『오행대의(五行大義)』에 따른 오행의 속성

음양사의 교과서로도 쓰였던 『오행대의』에 따르면 목속성인 사람의 성격은 성실하고 정직하며 우아하고, 화속성인 사람은 자존심이 높고 열정적이며, 토속성인 사람은 관대하고 온화하고 성실하며, 금속성인 사람은 성품이 맑고 혼자서 뭐든 해결하려는 타입이며, 수속성인 사람은 얌전하고 침착하며 이지적이라 여겨진다.

간지에 따른 오행속성

오행	목(나무)		화(불)		토(흙)		금(쇠)		수(물)	
음양	음	양	음	양	음	양	음	양	음	양
십간	갑	을	병	정	무	기	경	신	임	계
십이지	인	묘	오	사	진 축 술 미		신	유	자	해

오행의 속성에는 「구성」 외에도 태어난 해의 「간지」에 따른 방법도 있다. 예컨대 2020년생인 사람은 「경자」로, 속성은 「금과 수」가 된다

본명성마다 적합한 직업

일백수성(一白水星) 잘 고민하고 잘 생각하는, 끈기 있는 사람입니다	교육자, 작가, 철학자, 인쇄업, 세라피스트	
이흑토성(二黑土星) 진지하고 온화하며, 누군가의 도움이 되는 사람입니다	조산사, 농부, 군사, 토목 관련, 보육사	
삼벽목성(三碧木星) 행동력이 있으며 유행에 민감한 사람입니다	아나운서, 뮤지션, 언론, 가수, 전기 기술 관련	

사녹목성(四綠木星) 남의 심경을 잘 읽어내며, 남을 잘 돌봅니다	외교관, 영업직, 여행업, 무역회사, 운송업
오황토성(五黃土星) 야심과 야망을 가지고 능력을 발휘할 수 있는 사람입니다	대통령, 총리, 왕
육백금성(六白金星) 고귀한 혼을 지니고 언제나 활동하는 사람입니다	운동선수, 엔지니어, 귀금속업, 관공서 자동차 관련

칠적금성(七赤金星) 말을 잘 하여 낙천적이고, 주위를 즐겁게 하는 사람입니다	치과 의사, 예능인, 변호사, 디자이너, 음식업
팔백토성(八白土星) 냉정침착하고 무슨 일이든 동요하지 않는 사람입니다	신주, 부동산, 호텔업, 승려, 씨름꾼
구자화성(九紫火星) 타고난 센스를 지니고 감정이 풍부한 사람입니다	배우, 아티스트, 미용 관련, 경찰관, 카메라맨

상성이 좋지 않으며, 「수」와 「화」인 사람과는 상성이 좋다는 뜻이다. 그러나 꼭 「상극관계」이므로 안 된다는 뜻은 아니며 절차탁마하여 서로를 드높이기도 한다.

풍수로 운수 업
현관

현관은 풍수적으로 「운수의 출입구」라 하며, 남쪽이나 동남쪽을 향한 것이 좋다. 그러나 「매일 깨끗하게 청소한다」, 「쓸데없는 것을 두지 않는다」, 「조명을 두어 밝게 한다」는 등의 방법으로 운수를 끌어올릴 수 있다.

구성에 따른
길방위

최대 길 방향으로 여행을 떠나자!

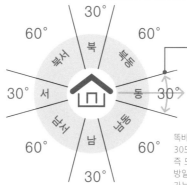

길방은 동서남북, 동북, 동남, 서북, 남서의 라인이 있는 방향이 아니며, 약간의 폭이 있다. 즉 동서남북 30도, 동북, 동남, 서북, 남서는 60도의 각도의 폭의 방향에 있는 곳이라면 어딜 가든 상관없다

똑바로 동쪽으로 가는 것만이 아니라 30도 이내의 방향이라면 상관없다. 즉 도쿄에서 동쪽으로 가는 것이 길방일 경우, 정동쪽의 후나바시 시로 가는 것뿐만 아니라 살짝 남북에 있는 가시나 지바 시도 좋다는 뜻이다

길방위는 어디까지나 기준

생년으로 보는 본명성 일람표

일백 수성	이흑 토성	삼벽 목성	사녹 목성	오황 토성	육백 금성	칠적 금성	팔백 토성	구자 화성
1945년	1944년	1943년	1942년	1941년	1940년	1939년	1938년	1937년
1954년	1953년	1952년	1951년	1950년	1949년	1948년	1947년	1946년
1963년	1962년	1961년	1960년	1959년	1958년	1957년	1956년	1955년
1972년	1971년	1970년	1969년	1968년	1967년	1966년	1965년	1964년
1981년	1980년	1979년	1978년	1977년	1976년	1975년	1974년	1973년
1990년	1989년	1988년	1987년	1986년	1985년	1984년	1983년	1982년
1999년	1998년	1997년	1996년	1995년	1994년	1993년	1992년	1991년
2008년	2007년	2006년	2005년	2004년	2003년	2002년	2001년	2000년
2017년	2016년	2015년	2014년	2013년	2012년	2011년	2010년	2009년
2026년	2025년	2024년	2023년	2022년	2021년	2020년	2019년	2018년

　사실 「구성(九星)」은 고정되어 있지 않으며, 낙서의 마방진의 숫자의 순서에 따라 「둔갑(대기의 운행, 기의 흐름에 따라 순환하는 것)」하기 때문에 그 해나 달, 날에 따라 길이 되는 방위는 변화한다. 그렇기 때문에 각각의 해마다, 달마다 길이 되는 방위는 변한다.

　생년의 「구성」을 「본명성(本命星)」이라 하며, 태어난 달의 「구성」을 「월명성(月命星)」이라 하는데 이 「본명성」과 「월명성」의 양쪽과의 「오행」의 상생관계에서 그 해나 달의 길방위가 산출된다. 「본명성」과 「월명성」의 양쪽과 상성이 좋은 방향이 「최대길방(最大吉方)」이며 「본명성」만 길인 경우가 「대길방(大吉方)」이라 한다. 또 길방위로의 이동은 멀면 멀수록 효과가 커진다고 한다. 최근에는 「본명성」이나 「월명성」도 인터넷에서 쉽게 알 수 있으므로 여행이나 이사 갈 때는 그러한 사이트를 이용해서 길방위를 조사하여, 참고하는 것도 좋을 것이다. 여행이라면 간 곳에서 「음양오행」에 맞는 명물을 먹거나 길색(吉色)인 기념품을 사거나 하면 더욱 효과가 커질 것이다. 특히 추천하는 것은 길방위에 있는 천연용수를 받아

	방위	어떻게 안 좋은가
오황살 (五黃殺)	방위반에서 「오황토성」이 운행하는 방위. 다만 중앙에 있을 때는 「오황살」은 없다	「오황토성」이 나아간 방향으로 이사하거나 여행하면 좋지 않은 일이 일어난다
암검살 (暗劍殺)	방위반에서 「오황토성」이 운행하는 방위의 맞은편. 「오황토성」이 남쪽에 있으면 북쪽이 된다	자신은 막을 수 없는 수동적인 재난이 일어난다
세파(歲破) **·월파**(月破)	그 해의 십이지의 맞은편이 「세파」, 그 달의 십이지의 맞은편이 「월파」	「파」의 문자처럼 일이 잘 풀리지 않고 안정되지 않는다
본명살 (本命殺)	자신의 「본명성」이 운행하는 방위	건강면의 문제가 일어나기 쉬워진다
본명적살 (本命的殺)	자신의 「본명성」이 운행하는 방위의 정반대	건강면의 문제가 일어나기 쉬워진다
소아살 (小兒殺)	그 해·달에 따라 다르다	어린 아이에게만 적용된다. 질병, 부상 등이 생기기 쉬워진다

구성에 따른 흉방위란

「구성」은 움직이면서 운기가 바뀌는데, 길이 되는 방위만 아니라 흉이 되는 방위도 있다. 흉의 방위를 「흉살(凶殺)」이라 한다. 큰 「흉살」은 만인 공통의 「오황살」, 「암검살」「세파·월파」와, 개인이 지닌 본명성, 월명성에 따라 달라지는 「본명살」「본명적살」「소아살」이 있다.

별의 움직임은 태고로부터 언제나 인간의 생활의 지침이 되었다. 현대를 살아가는 우리들이 너무 별의 움직임에 따른 길흉에 사로잡힐 필요는 없을지도 모른다

길방위에서 추천은 온천!

길방으로 여행하면 꼭 온천에 들어갔으면 한다. 온천에는 「목(식물성분)」, 「화(화산의 열)」「토(흙 속을 지남)」「금(광물성분)」, 「수(온천수)」라는 「오행」이 모두 망라되었으며, 오행적으로 최강의 장소이다.

오행적인 파워가 강한 것은 역시 원천이 그대로 흐르는 온천. 여기에 나무의 파워를 더한 구사쓰나 이카호 온천도 추천한다

오는 것이다. 페트병 등에 넣어 집에 갖고 돌아가면 가져온 뒤에도 럭키 효과를 유지할 수 있다.

풍수로 운수 업
업무운 업

업무운을 올리려면 「나무의 기운」을 받아들이는 것이 기본이다. 책상이 철제인 사람은 목제로 바꿔 보는 것도 방법일 것이다. 또 「나무의 기운」의 컬러는 파랑이므로 업무에 사용하는 소품을 블루나 그린으로 바꿔 보는 것도 효과적이다.

추운 날은 양의 음식,
더운 날은 음의 음식을

동양의학의 의식동원

음과 양의 음식

음의 음식

바나나

버섯

가지

토마토

꿀

양의 음식

연근

정어리

참깨

문어

당근

감정을 컨트롤하기 위해 대응하는 「오행」의 음식을 섭취하는 방법도 있다. 예를 들어 열이 오를 때는 청(녹)의 채소를 잔뜩 먹고, 흥분했을 때는 붉은 토마토나 수박 등을 먹고, 고민이 있을 때는 계란 노른자나 옥수수 등의 노란 음식, 슬플 때는 무나 배 등의 흰 음식, 무서울 때는 해조류나 검은콩, 메밀 등 검은 음식을 먹는 식이다

음양도의 기반이 된 「음양오행설」은 훗날 동양의학에도 받아들여져 「의식동원(醫食同源)」의 개념으로 이어진다. 우선 음식에는 「음의 음식(몸을 차갑게 한다)」과 「양의 음식 (몸을 데운다)」의 두 종류가 있으며, 자신의 체질이나 그 날의 몸 상태의 「음양」에 맞춰, 부족한 것을 보충하면 된다는 개념이다. 예를 들어 더운 여름에는 「양」이 강하므로, 몸을 식히는 가지나 토마토, 벌꿀, 바나나, 버섯 등 「음의 음식」을 많이 섭취하는 편이 좋으며, 반대로 추울 때는 참깨나 인삼, 연근 등 「양의 음식」을 많이 먹도록 하면 된다는 것이다. 간단하게 구분하기 위해서는 여름에 먹을 수 있는 여름 채소나 더운 남쪽에서 딸 수 있는 과일 등에는 몸을 식히는 「음의 음식」이 많으며, 겨울에 딸 수 있는 채소나 추운 지방에서 자란 과일 등에는 몸을 데우는 「양의 음식」이 많다고 생각하면 된다.

또 이러한 음과 양의 음식은 합침으로써 중화시킬 수도 있으므로, 추운 겨울에 꼭 가지 (음의 음식)가 먹고 싶다면 양의 조미료인 된장을 듬뿍 묻혀 된장 양념구이로 만들면 몸이

적	고추, 당근, 토마토
청	시금치, 양배추, 미역, 다시마
황	호박, 계란 노른자, 감, 귤
흑	검은콩, 소, 돼지, 흑미
백	쌀, 어패류, 감자

오미오색의 식재료의 예

　이러한 「음과 양」에 더해 음식에는 「오행」도 있으며, 「목(신 것)」「화(쓴 것)」「토(단 것)」「금(매운 것)」「수(짠 것)」의 「오미」와 「목(청록)」「화(빨강)」「토(노랑)」「금(흰색)」「수(검정)」의 「오색」의 식재료를 밸런스 좋게 먹는 것이 건강으로 이어진다고 여겨졌다. 한국의 궁중요리 등에는 이 「오미오색(五味五色)」의 사상이 짙게 반영되어 있다.

구절판
한국의 전통적인 궁중요리. 팔각형의 그릇에 오색을 커버한 여덟 종류의 볶은 채소를 넣고 중앙의 전병에 얹어 먹는다

음식의 음양표

음성			중성			양성
보라	남	파랑	녹·백	노랑	주황	빨강
맵다	시다		달다		짜다	쓰다
가지 토마토 표고버섯 감자 바나나 파인애플 포도 멜론 배 와사비 후추 고추 꿀	토란 고구마 죽순 곤약 두부 콩 올리브 오일 수박 감 생강 사케 맥주 흑설탕	옥수수 천연효모 빵 소면 흰쌀 시금치 딸기 귤 파 낫토 흰깨 홍차 동백기름 물	밀가루 현미 양배추 스파게티 소송채 배추 무 다시마 김 미역 톳 우무채 사과 유부 팥 호지차	호박 피 좁쌀 양파 큰실말 연근 장어 문어·오징어	당근 머위 우엉 게 넙치 단무지 치즈	민들레 뿌리 참마 도미 연어 정어리 말린 매화 된장 간장 천연소금

※정보제공: 일본CI협회　　　정렬순은 반드시 고정된 것은 아니며, 산지나 조리법 등에 따라 변화합니다

식을 걱정 없이 맛있고 건강하게 먹을 수 있다.

풍수로 운수 업
금전운 업

금전운을 부르는 방위는 서쪽이므로 방의 서쪽에 금색이나 노란색 굿즈를 두는 것이 기본적인 금전운 상승법이나, 방이 어질러져 있으면 운수도 올라가지 않는다. 여기서는 청소가 중요하다. 몬스테라 등의 관엽식물을 두는 것도 추천한다.

오행과 장기

「오행」은 인간의 장기와도 관계가 있다. 「목」은 「간, 쓸개, 힘줄, 눈」 「화」는 「심장, 소장, 혈관, 혀」 「토」는 「비장, 위, 근육, 입」 「금」은 「폐, 대장, 피부, 머리카락, 코」 「수」는 「신장, 방광, 뼈, 귀」와 관계된다고 여겨진다.

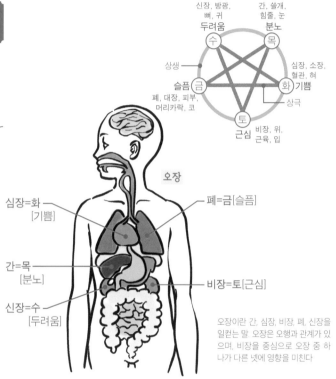

화나 기쁨도
오행으로 컨트롤?!

오행과
감정

오장이란 간, 심장, 비장, 폐, 신장을 일컫는 말 오장은 오행과 관계가 있으며, 비장을 중심으로 오장 중 하나가 다른 넷에 영향을 미친다

인간의 장기는 각각 「오행」의 상생과 상극관계에 있으며, 「목·분노」, 「화·기쁨」, 「토·근심」, 「금·슬픔」, 「수·두려움」이라는 감정도 각각 오행과 대응하는 장기에서 생겨난다고 여겨졌다. 예를 들어 「분노」는 「목」의 「간·눈」과 이어져 있기 때문에 너무 화를 내면 간에 손상이 가고 눈의 충혈 등이 일어나기 쉬우며, 너무 기뻐해 흥분해도 「화」의 「심장」에 부담이 간다는 식이다. 너무 근심하면 「토」의 「비장」이 상처를 입고 위의 상태도 나빠진다. 슬픔이 깊으면 「금」의 「폐」가 손상되어 끝내는 백발이나 피부 기미의 원인이 되기도 한다. 두려움이 강하면 「수」의 「신장」에 해를 입고 요통이나 요실금, 피로감 등이 나타나기 쉽다.

경혈을 눌러 심신을 컨트롤

중국에는 2천년 이전부터 경혈요법이 존재했다. 동양의학에서는 생명의 에너지를 「기(氣)」라 하며 기가 인체를 흐르는 길을 「경락(經絡)」이라 한다. 경락의 요소에 있는 기의 출입구가 「경혈(經穴)」이며 혈을 뜻한다. 경락은 장기와 이어져 있으므로 경혈을 누르면 기의 흐름이 정돈된다.

두통·눈의 피로

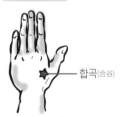

합곡(合谷)

엄지와 검지 사이의 살짝 패인 부분. 안쪽에 밀어 넣듯이 누르면 좋다. 두통이나 눈의 피로 외에 감기 예방, 생리통, 치통에도 잘 듣는 만능 경혈.

요통·무릎 통증

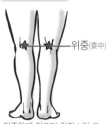

위중(委中)

무릎 뒤쪽 정중앙에 있으며 갑작스런 요통이나 무릎 통증 등의 응급처치에 효과가 있다. 가볍게 무릎을 꺾고 중지로 눌러도 좋고 테니스 볼 등을 끼워도 좋다.

요통

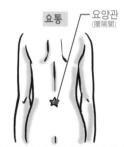

요양관(腰陽關)

허리뼈와 등뼈가 교차하는 부분의 등뼈와 등뼈 사이에 있다. 골반이 비뚤어져 오는 요통이나 소화불량 등에 효과적이다. 등뼈 사이에 있으므로 너무 강하게 누르지 말고 쓰다듬거나 데워도 좋다.

안정피로

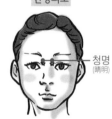

청명(睛明)

눈자위와 코뼈 사이에 있으며 양손의 검지로 끼우듯이 자극한다. 안구 피로에 효과적인 한편 눈가의 다크서클 경감에도 효과적.

스트레스

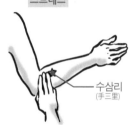

수삼리(手三里)

팔꿈치를 굽힌 부분부터 손가락 세 개 정도의 가는 뼈의 안쪽 부분. 소화기관에 잘 듣는 경혈이지만 의욕이 생기지 않거나 꽁꽁 고민하고 잠들지 못하거나 할 때도 효과적.

어깨 결림

천주(天柱)

목 뒤쪽의 두 줄의 힘줄과 두개골이 부딪치는, 목덜미에 있는 경혈로 양손으로 머리를 감싸고 위를 보면서 엄지로 들어 올리듯이 누르면 좋다. 어깨 결림 외에 두통이나 지친 눈에도 효과가 좋으며 사무업무로 피로해졌을 때도 최적의 경혈.

피로회복

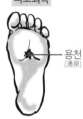

용천(湧泉)

발의 검지와 중지뼈 사이부터 장심을 향한 중간 언저리의 파인 부분. 피로회복, 체력 향상에 효과가 있으며 장생의 경혈이라고도 한다. 엄지로 눌러도 좋으나, 강도가 부족하다 싶으면 골프공 등을 써도 좋다.

냉한 체질

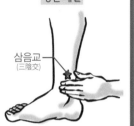

삼음교(三陰交)

복사뼈 안쪽에서 손가락 네 개만큼 위에 있는 간과 신장의 경혈. 냉한 체질에도 효과가 있기 때문에 냉한의 경혈이라고도 한다.

풍수로 운수 업
연애운 업

연애운을 올리는 데 좋은 색은 빨강, 오렌지, 핑크 등이다. 빨강은 정열적이고 격렬한 사랑, 오렌지는 만남을 불러 오며, 핑크는 결혼운 향상으로 이어진다. 그러한 색의 아이템을 생활에 채용해보면 좋을지도 모른다.

※경혈 누르기는 너무 강해도 좋지 않으며 살짝 아프면서 기분 좋을 정도의 강도로 5초 누르고 5초 풀어주는 걸 몇 번인가 반복하면 좋다.

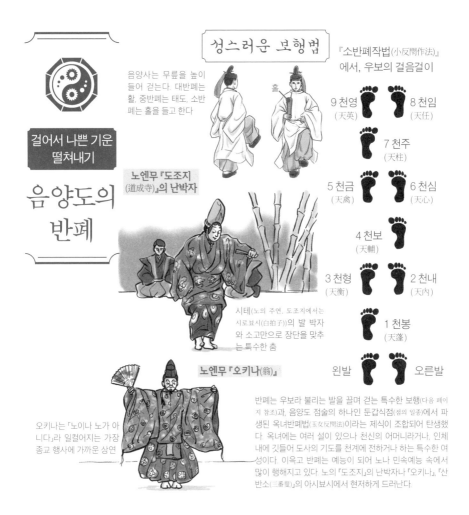

걸어서 나쁜 기운 떨쳐내기

음양도의 반폐

성스러운 보행법

음양사는 무릎을 높이 들어 걷는다. 대반폐는 활, 중반폐는 태도, 소반폐는 홀을 들고 한다

노엔무『도조지(道成寺)』의 난박자

시테(노의 주연, 도조지에서는 시로뵤시(白拍子))의 발 박자와 소고만으로 장단을 맞추는 특수한 춤

노엔무『오키나(翁)』

오키나는「노이나 노가 아니다」라 일컬어지는 가장 종교 행사에 가까운 상연

『소반폐작법(小反閇作法)』에서, 우보의 걸음걸이

9 천영 (天英) 8 천임 (天任)
7 천주 (天柱)
5 천금 (天禽) 6 천심 (天心)
4 천보 (天輔)
3 천형 (天衡) 2 천내 (天內)
1 천봉 (天蓬)
왼발 오른발

반폐는 우보라 불리는 발을 끌며 걷는 특수한 보행(다음 페이지 참조)과, 음양도 점술의 하나인 둔갑식점(셈의 일종)에서 파생된 옥녀반폐법(玉女反閇法)이라는 제식이 조합되어 탄생했다. 옥녀에는 여러 설이 있으나 천신의 어머니라거나, 인체 내에 깃들어 도사의 기도를 천계에 전하거나 하는 특수한 여성이다. 이윽고 반폐는 예능이 되어 노나 민속예능 속에서 많이 행해지고 있다. 노의『도조지』의 난박자나『오키나』,『산반소(三番叟)』의 아시뵤시에서 현저하게 드러난다

반폐는 천황의 행차나 귀족의 이사, 수령이 임지로 갈 때 등에, 나쁜 기운이나 악령을 밟아 다져 몸을 지키기 위해 음양사가 행한 주법이다. 반폐에는 대반폐, 중반폐, 소반폐의 세 종류가 있다고 하는데, 다음에『와카스기가문서(若杉家文書)』에 있는 소반폐의 방법을 소개한다.

우선 장소는 나갈 문 앞이다. 오기(五氣)를 찾고, 세 번 북을 치며 많은 신들을 받든 뒤 천문주(天門呪), 지호주(地戸呪), 옥녀주(玉女呪), 도금주(刀禁呪)를 순서대로 읊고, 세로로 네 번, 가로로 다섯 번의「구자(九字)」를 긋는다. 그 뒤 북두칠성에 보성과 필성※을 더한「둔갑의 구성」이라는 특수한 걸음을 밟고, 반폐주(反閇呪)를 읊고 추가로 여섯 걸음을 걷는다고 한다.

아베노 세이메이는 에이엔(永延) 원년(987) 2월 19일, 이치조 천황이 청량원으로 옮겨 갈 때 반폐를 하였으며, 3월에도 후지와라노 사네스케의 이사 때에 반폐를 하였다. 그 뒤에도

스모의 시코(四股)

음양사가 행한 반폐의 흔적은 현재의 일본에도 남아 있다. 그것이 스모의 시코다. 헤이안 시대의 스모는 「스마이노세치에(相撲節会)」라 하여 궁중에서 벌어진 연중행사 중 하나로 맞붙기 전에 음양사가 반드시 반폐를 하였다. 그것이 폐지되어 씨름꾼이 스스로 하게 된 것이 시코로, 밟은 땅의 나쁜 기운을 떨쳐내고 복을 부른다는 의미가 담겨 있다

우보

일본의 반폐는 중국의 「우보(禹步)」에서 유래했다. 중국의 하 왕조의 시조이며 치수에 진력한 우왕의 걸음걸이가 기반이 되어 시작되었으며 갈홍의 『포박자(抱朴子)』에는 산에 들어갈 때나 선초 채취, 장수나 질병 예방 때 쓰는 주법으로 여겨진다. 또 현재의 중국에서도 걷는 건강법으로서 행하는 사람도 많다.

시코를 밟아 건강하게

① 다리를 벌리고 허리를 낮춘다

② 한쪽 발에 체중을 이동한다

④ 잠깐 정지한 뒤 올린 발을 내리고, 동시에 허리도 내린다

③ 체중을 실은 발을 펴고, 반대쪽 발을 든다

우왕(禹王)

고대 중국의 전설의 하 왕조의 개조 우는 치수 조사를 위해 각지의 산천을 돌아다녔다. 그러다 발을 다쳐 한 발을 끌게 되었다고 한다. 이 걸음법이 우보의 원형이라고 한다.

천황의 행차 때 종종 반폐를 하였으며 이동할 때 음양사가 불려가 반폐를 하는 것이 항례였다. 또 이동하는 데 길이 아닌 날에 나가야만 할 때도 반드시 음양사가 불려와 반폐를 하고, 나가는 천황이나 공경들은 음양사의 뒤를 따라 그 발자국을 따라 걸었다.

풍수로 운수 업
건강운 업

생명력을 올리는 방위는 「남서」이므로 이쪽에 침실을 두면 자고 있는 동안 에너지를 모을 수 있다. 한편 「북동」은 「귀문(鬼門)」이라고도 불리며 병이나 재액이 들어오는 방향이므로 여기를 청결하게 유지하면 병이 오는 것을 막을 수 있다.

※북두칠성의 자루 부분 좌우에 있는 별

나타쇼에 남은
아베 가문의 묘

⑥ **쓰치미카도 신토 본청**
　(土御門神道本庁)
후쿠이현 오오이군 오오이마치
나타쇼노타오이 129-9

아베노 세이메이의 자손인 쓰치미
카도 가문이 일으킨 쓰치미카도 신
토를 계승한다

음양도와
관련이 있는

일본 전국의
신사

⑦ **세이메이 신사**(晴明神社)
교토부 교토시 가미교구 세이메이쵸 806
아베노 세이메이를 기리는 신사

⑧ **고료 신사**(御靈神社, 가미고료 신사(上御靈神社))
교토부 교토시 가미교구 가미고료타테마치 495
신천원의 어령회에서 받들어진 원령들을
받든다

⑪ **이즈모 신사**(出雲神社)
시마네현 이즈모시 다이샤쵸 기즈키히가시 195
11(구력 10월)월에 전국
의 신들이 모인다. 인연
맺기의 신으로도 유명

가구라덴에 있는 오오시메나와(大注連縄)

⑨ **시노다노모리쿠즈노하이나리**
　신사(信太森葛葉稲荷神社)
오사카부 이즈미시 구즈노하쵸 1-11-47
아베노 세이메이의 어머니인 백호
(구즈노하)와 연이 있는 신사

⑩ **쿠마노혼구타이샤**(熊野本宮大社)
와카야마현 다나베시 혼구마치 혼구
헤이안 시대에는 사람이 많은
상황을 가리켜「개미의 구마
노 참배」라고 했을 정도로 인
기 있는 곳이었다.

오유노하라에 일본에서 제일
커다란 도리이가 세워져 있다.

⑫ **다자이후텐만구**(太宰府天満宮)
후쿠오카현 다자이후시 자이후 4-7-1
스가와라노 미치자네가 죽은 땅으로,
전국의 덴만구의 총본산

최　근 종종 신사를 파워 스폿이라 부르는 경우가 있는데 오래된 신사가 세워져 있는
　　　장소는 확실히 토지 그 자체가 힘을 지니는 경우가 많다. 다만 무턱대고 아무 신사
나 가면 되는 것은 아니므로 참배를 갈 때는 주의가 필요하다. 사람 각각의 오행적인 속성
이 다르듯이 신사에도 각각 오행적 특성이 있다. 즉 사람에 따라 상성이 좋은 신사와 상성
이 나쁜 신사가 있다는 뜻이다.

　오행의 속성을 모르는 경우에는 신사에 가서 기분이 좋다고 느끼느냐 아니냐에 따라 상
성을 확인하는 방법도 있지만 기왕이면 자신의 오행속성을 조사한 뒤 상성이 좋은 신사를
조사해서 가보는 것을 추천한다. 또 자신의 힘이 떨어져 있는 원인에 따라 이를 보충하는
오행속성을 지닌 신사를 참배하는 방법도 있다. 혹은 자신의 길(吉)방향에 있는 신사를 고
르는 것도 좋을 것이다. 다만 상성이 안 좋은 신사라고 해서 가지 않는 편이 좋다는 뜻은
아니다. 상성이 안 좋은 신사에서도 때로는「과격요법」적인 파워를 받는 결과를 얻기도 한

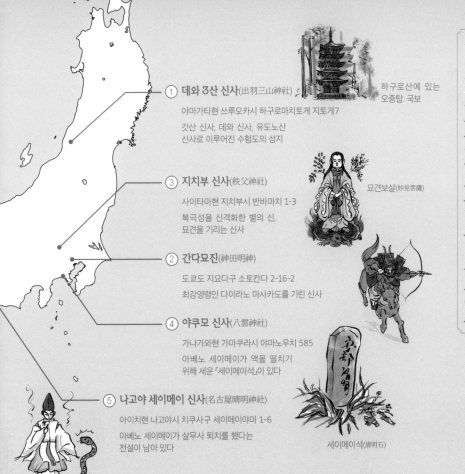

① **데와 3산 신사**(出羽三山神社)

야마가타현 쓰루오카시 하구로마치토게 지토게7

갓산 신사, 데와 신사, 유도노산
신사로 이루어진 수험도의 성지

하구로산에 있는
오중탑. 국보

③ **지치부 신사**(秩父神社)

사이타마현 지치부시 반바마치 1-3

북극성을 신격화한 별의 신,
묘견을 기리는 신사

묘견보살(妙見菩薩)

② **간다묘진**(神田明神)

도쿄도 지요다구 소토칸다 2-16-2

최강영령인 다이라노 마사카도를 기린 신사

④ **야쿠모 신사**(八雲神社)

가나가와현 가마쿠라시 야마노우치 585

아베노 세이메이가 액을 떨치기
위해 세운「세이메이석」이 있다

⑤ **나고야 세이메이 신사**(名古屋晴明神社)

아이치현 나고야시 치쿠사구 세이메이야마 1-6

아베노 세이메이가 살무사 퇴치를 했다는
전설이 남아 있다

세이메이석(清明石)

다. 어느 쪽이든 신사를 참배할 때는 매너를 잘 지키고 경건한 마음을 잊지 않는 것이 중요하다.

풍수로 운수 업

가족운 업

가정의 평안을 바란다면 거실에 주의를 기울여야 한다. 가족운 향상을 위해서는 동향의 거실이 최적이나 그 이외의 방위에 있을 경우 각각의 방위의 약점을 보충하는 아이템을 두어서 마이너스를 플러스로 전환할 수 있다.

음양도와
관련이 있는

연중
행사와
축제

1월 1일 사방배(四方拜)

사첩의 병풍으로 둘러싼 곳 안에 좌석을 둔다

천황이 천지사방의 신들에게 국가의 안녕을 비는 의식으로 새벽의 인각(4시경)에 청량원의 동정에서 지냈다. 현재에도 황실의 사적인 행사로서 매년 천황이 지내고 있다.

3월 3일 상시의 절구(上巳の節句)

인형

3월 첫 사(巳)일(상사)에 재계를 하여 「인형」을 흘려보냈다. 이 「인형」은 「아마가쓰(天児)」나 「호우코(這子)」라고 불리는 것으로 이것이 현재의 히나인형의 원형이라고 한다.

예로부터 열리는 축제나 연중행사에는 음양오행 등과 관련이 깊은 것이 많다(132p). 특히 양수인 홀수가 겹쳐지는 1월 1일이나 1월 7일, 3월 3일, 5월 5일, 7월 7일, 9월 9일의 다섯 절구는 중요한 구간이다.

5월 5일 단오의 절구 (端午の節句, 절회(節会))

경마신사

원래 5월 오(午)일은 안 좋은 날이라 여겨졌으며, 나쁜 기운을 떨치기 위해 천황은 관에 창포를 장식하고 군신에게 장식실을 하사했다. 연회 뒤에 활쏘기나 경마도 벌였으며 이것이 신사의 행사가 된 것이 가미가모신사의 「경마신사(競馬神事)」다.

5월 15일 아오이마쓰리(葵祭)

꽃우산

명부
(命婦)

가모노마쓰리(賀茂祭)라고도 불리며 구력 4월 중 유(酉)일에 치러졌다. 헤이안 시대에 「마쓰리」라고 하면 이 가모노마쓰리를 뜻했다. 재왕(齋王)인 내친왕(内親王)이 가모가와에서 재계를 한 뒤, 가미가모, 시모가모의 양 신사에 참배하고 봉폐를 하는데 이 호화로운 행렬 탓에 관중이 몰려들었다고 한다.

6월 30일
나고시노하라에
(夏越の祓)

치노와 (茅の輪)

반년의 부정을 씻고 남은 반년의 건강과 액막이를 비는 의식. 액을 씻기 위해 「미나즈키의 나고시노하라에」를 하는 사람은 천세의 삶을 산다는 주가를 읊으며 8자를 그리듯이 「치노와」를 세 번 넘는다.

7월 7일
칠석 (七夕, 걸교전(乞巧奠))

붉게 칠한 고궤

견우와 직녀를 기리고 재봉이나 시가, 음악 등의 예술의 숙달을 기원했다. 헤이안 시대에는 청량전의 동쪽 정원에 붉게 칠한 탁상을 네 개 두고 그 위에 거울, 향로 등을 늘어놓은 뒤 배, 대추, 복숭아 등 다양한 과자를 장식했다. 대나무에 단자쿠를 달아 장식하게 된 것은 에도 시대부터이다.

7월 17일~24일
기온마쓰리 (祇園祭)

야마호코 (山鉾)

옛날에는 기온카이(祇園会)라 불렸으며, 음력 6월 7일부터 14일에 걸쳐 벌어졌다. 역병을 물리치는 축제로, 역병을 유행시키는 원령을 진정시키기 위한 어령회(御靈會)였다. 현재의 기온마쓰리의 심볼이라고도 할 수 있는 야마호코 순례는 무로마치 시대에 시작된 것이다.

9월 9일
중양의 절구 (重陽の節句)

국화 꽃잎을 띄운 국화주

음양설에서는 홀수는 「양」이며, 그중에서도 「9」는 최강의 수였다. 그 「9」가 거듭되는 날은 장수의 힘을 얻을 수 있는 날이라 여겨졌으며, 조정에서는 자신전에 중진이 모여 국화구경 연회가 열렸다. 연회에서는 불로장생을 비는 「국화주(菊酒)」도 마셨기 때문에 「국화의 절구(菊の節句)」라고도 불렀다.

12월 섣달그믐
쓰나 (追儺)

호소씨 (方相氏)

「오니야라이(鬼遣)」라고도 하며, 악귀나 역신을 쫓아내는 의식. 음양사가 제문을 읽고 눈이 넷 달린 가면을 쓴 호소씨가 진자를 이끌면서 방패와 창을 부딪쳐 울리며, 선택된 귀족이 복숭아나무 활로 갈대 화살을 쏘았다. 에도 시대 이후에는 2월의 절분에 치러지게 되었다.

현대의 음양사

모노베촌의 이자나기류

그리움이 느껴지는 이자나기류의 의식

하나가사(花笠)
마이카구라
(舞神楽)
어폐(御幣)

이자나기류의 타유들은 「제문(祭文)」이라는, 신들의 기원이나 유래를 이야기한 신화를 제의로 삼아 읊는다. 가장 근본적인 제문이 「이자나기의 제문(いざなぎの祭文)」이다. 다음은 그 내용이다. 옛날 일본의 대왕도라는 섬에 살고 있었던 덴츄히메라는 공주가 7살 때부터 점을 익혔다. 그러나 기도법을 배우지 못해 천축의 이자나기 대신이라는 기도의 명인에게 제자로 들어갔다. 대신은 공주의 총명함과 재능에 감복하여 이자나기류의 최고의 기도법인 「궁기도」를 전수했으며 이 기도법은 일본에 전파되었다고 한다.

위의 캡션은 고마쓰 가즈히코(小松和彦)「저주와 일본인(呪いと日本人)」(KADOKAWA/가도카와 학예출판, 2014년)을 참조하여 작성

다양한 종류의 어폐, 인형을 만들어 제단을 장식한다. 타유들은 쌀 점을 치거나 신들을 대접하는 가구라를 춘다. 마이카구라는 가구라의 종반에 추는 춤

가구라 때 타유는 정의(백무구)에 하나가사를 쓴다. 어폐를 흔들며 석장 방울을 울린다. 하나가사의 테두리에는 오색의 종이가 달려 있어 얼굴이 거의 보이지 않는다

정의(浄衣)

석장 방울
(錫杖鈴)

이자나기류 기도사인 타유들은 자신들을 「박사(博士)」라고 부르기도 한다

법의 마쿠라(法の枕)

미테구라(ミテグラ)

「스소(呪詛)」의 토리와케

「스소」는 물질적인 더러움이나 미움, 질투와 같은 부의 감정도 모두 포함한 부정이다. 집이나 마을 안에 「스소」가 쌓이지 않도록 제거할 필요가 있다. 그것이 「토리와케(取り分け)」다. 「법의 마쿠라」, 「미테구라」와 같은 제구를 준비하고 타유들이 제문을 읽는다. 「스소」를 미테구라에 빙의시키고 밧줄로 단단히 묶는다

메 이지 정부가 음양료를 폐지하여 관료음양사는 소멸했다. 그러나 무로마치 시대에 각지에 퍼진 민간음양사 중에는 에도 시대에 쓰치미카도 신토가 통괄한 음양사들과는 무연한 형태로 모습을 바꿔 살아남은 음양사들도 있었다.

도사국 모노베촌(고치현 가미시 모노베촌)에 남은 「이자나기류(いざなぎ流)」는 그러한 민간음양도가 진화하여 현재까지 계승된 것 중 하나라고 할 수 있다. 「이자나기류」에서는 「타유(太夫)」라 불리는 사람들이 다양한 기도를 하는데 그러한 기도 중에는 음양도적인 요소가 짙게 들어가 있는 것이 많이 남아 있다.

예컨대 「타유」는 「식법(式法)」으로 병에 걸린 사람을 치유하거나 저주해서 사람을 죽일 수도 있다고 믿어지며 이러한 사고방식은 과거의 사람들이 음양사에게 느끼던 것들과 완전히 동일한 것이다. 또 「이자나기류」의 기도에서는 「스소의 토리와케」라 하여 의식 전에 더러움을 씻어내는 것을 중시했는데 이것들도 음양도의 치료주술과 수법이 매우 비슷하

오키나와의 음양사, 노로와 유타

과거의 류큐국으로서, 일본과는 다른 문화를 가진 오키나와에도 일본의 관료음양사와 민간음양사와 같은 관계성의 사람들이 있었다. 그것이 노로와 유타다. 노로는 류큐 왕국에 속한 여성 관료신관이며 유타는 민간기도사와 같은 존재였다. 또 류큐국의 멸망과 함께 노로는 사라졌으나 유타는 지금도 오키나와에 남아 있다. 그러한 점도 관료음양사와 민간음양사의 관계와 많이 닮았다.

노로(ノロ)

축녀(祝女)라고도 쓴다. 류큐 왕국 중에서 제도가 정비되어 취락의 제사를 통솔했다. 노로에 취임한 여성은 왕에게 임명을 받고 토지를 받았다.

유타(ユタ)

여성이 일반적이나 드물게 남성 유타도 있다. 오키나와 아마미 군도에서 혼을 「마부이(まぶい)」라 하며, 물에 빠지거나 사고를 당했을 때 마부이가 몸에서 빠져나간다 하여 류타를 불러 「마부이코메(まぶいこめ)」의 의식을 치렀다

어폐의 유래

신사 등에서 흔히 볼 수 있는 「어폐(御幣)」는 본래는 나무에 「폐백(御幣)」을 끼워 신에게 바치는 「공물(供物)」이었다. 한때 음양도의 점을 본 결과, 신의 징벌이라 나왔을 때는 대응하는 신사에 봉폐를 하였는데, 이 봉폐란 신에게 「폐(종이)」나 「백(천)」을 바치는 것을 의미한다. 이윽고 「공물」인 나무에 끼운 천 양쪽에 긴 종이를 매달게 되었다. 종이가 귀중품이었던 탓도 있어 끼운 천보다 종이쪽이 중시되도록 변해, 현재의 「어폐」의 모습으로 변화해 갔다고 한다.

식인형의 폐

온타츠(おんたつ)**의 폐**
온타츠는 강의 신의 가신

멘타츠(めんたつ)**의 폐**
멘타츠는 강의 신의 가신으로, 온타츠의 아내

이자나기류에는 500가지가 넘는 종류의 어폐가 있다. 한 장의 종이로 만들어진 신들이 깃들도록 하기 위한 매개체다. 용도에 따라 다른 모습을 띠고 있다. 의식이 끝나면 버려진다.

다. 타유가 다루는 「시키오지(式王子)」라는 사역령도 있는데 이것도 음양사가 다루는 「식신(式神)」과 연이 있다 할 수 있을 것이다.

풍수로 운수 업 마음의 정리정돈

풍수로 운수를 올리기 위해서는 무엇보다 「마음을 정체시키지 않는」 것이 중요하다. 그렇기 때문에 방 청소나 쓰지 않는 것을 정리정돈하는 것이 중요한데 하나의 생각에 고집하지 않고 마음을 물처럼 유통시키는 「마음의 정리정돈」도 중요하다.

구마노관심십계만다라(熊野心十界曼羅)

「심(心)」을 중심으로 십계와의 연결점이 그려지는 만다라. 십계는 부처, 보살들이 존재하는 성스러운 「사성도(四聖道)」와 모든 생물이 윤회전생하는 과정을 그린 「육도」가 있다. 육도 안에 지옥이 그려진다. 구마노관심십계만다라는, 구마노 비구니(熊野比丘尼)라는 여승이 종이 연극처럼 그림으로 풀어 지옥의 정경 등을 해설한 불화로, 무로마치 시대부터 에도 시대에 걸쳐 퍼진 것이다.

월륜(月輪) 　　화륜(火輪)

사성도

지옥

① 늙음의 언덕 　　⑥ 지옥의 가마 　　⑪ 축생계 　　⑯ 도엽림
② 극락 　　⑦ 불산녀지옥 　　⑫ 침산 　　⑰ 양부지옥
③ 염라대왕 　　⑧ 절구와 공이의 지옥 　　⑬ 무간지옥 　　⑱ 아수라계
④ 옥졸 　　⑨ 화차 　　⑭ 삼도천의 모래강변 　　⑲ 아이 죽이기
⑤ 탈의파 　　⑩ 피웅덩이 지옥 　　⑮ 지옥보살 　　⑳ 여의륜관음

지옥 소개

　불교의 전래와 함께 그들이 설파하는 「지옥」도 많은 사람들이 믿게 되었다. 유명한 것이 「천도, 인간도, 수라도, 축생도, 아귀도, 지옥도」를 윤회전생한다는 「육도윤회(六道輪廻)」에서의 「지옥」이다. 사람은 죽은 뒤, 「삼도천(三途川)」을 건너 염라대왕의 심판을 받고 죄가 무거운 자는 지옥으로 떨어진다.

　살아 있는 동안 저지른 죄의 종류에 따라 지옥도 몇 가지 종류로 나뉘는데 살생을 저지른 자는 「등활지옥(等活地獄)」에 떨어졌다. 여기서 사람들은 서로 죽고 죽이는데, 바로 몸이 재생되기 때문에 몇 번이고 죽고는 되살아난다는 심한 고통을 겪었다. 살생에 더해 도둑질을 저지른 자가 떨어지는 곳이 「흑승지옥(黑繩地獄)」으로, 뜨겁게 달궈진 철 밧줄로 묶인 채 달궈진 쇠의 산을 짊어지고 밧줄을 건너다가 떨어져 산산조각나기를 되풀이한다. 음란한 짓을 저지른 자가 떨어지는 곳이 「중합지옥(衆合地獄)」으로, 환상의 미녀의 유혹에 이끌려 검의 이파리로 이루어진 숲속을 걷다가 몸이 베이고, 그에 더해 철로 된 거상에 찌부러진다. 그 외에도 독이 든 술로 사람을 죽이거나 몰락시킨 자가 떨어지는 「규환지옥(叫喚地獄)」이나, 거짓말을 치고 살생이나 도둑질, 음탕한 짓을 저지른 자가 떨어지는 「대규환지옥(大叫喚地獄)」, 악행을 저지르고 불교에 반하는 가르침을 설파한 자가 떨어지는 「초열지옥(焦熱地獄)」 등, 다양한 「지옥」이 있다고 하였다.

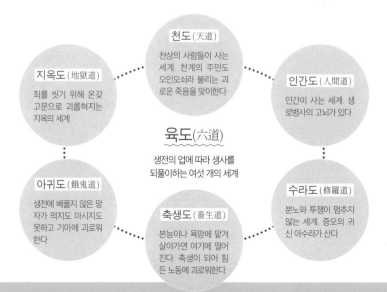

천도(天道)
천상의 사람들이 사는 세계. 천계의 주민도 오인오쇠라 불리는 괴로운 죽음을 맞이한다

지옥도(地獄道)
죄를 씻기 위해 온갖 고문으로 괴롭혀지는 지옥의 세계

인간도(人間道)
인간이 사는 세계. 생로병사의 고뇌가 있다

육도(六道)
생전의 업에 따라 생사를 되풀이하는 여섯 개의 세계

아귀도(餓鬼道)
생전에 베풀지 않은 망자가 먹지도 마시지도 못하고 기아에 괴로워한다

축생도(畜生道)
본능이나 욕망에 맡겨 살아가면 여기에 떨어진다. 축생이 되어 힘든 노동에 괴로워한다

수라도(修羅道)
분노와 투쟁이 멈추지 않는 세계. 증오의 귀신 아수라가 산다

2019년 말부터 퍼진 신종 코로나 바이러스의 맹위는 순식간에 온 세계로 퍼져, 2021년 8월 현재에도 전혀 종식될 조짐을 보이지 않고 있습니다. 지금의 우리는 이러한 미지의 바이러스에 대하여 검사를 하거나 백신을 개발하는 등의 대항책을 취하고 있지만 그래도 사람들의 마음속에 바이러스의 공포는 언제나 존재하고 있습니다.

이러한 미지의 병에 대하여 지금만큼 의학이 발달하지 않았던 나라 시대나 헤이안 시대의 일본에서는 과연 어떻게 대응했을까요.

그 대답이 「음양사」입니다. 음양사는 점으로 미지의 재해나 역병을 알려주는 자이며, 제사로 병을 고쳐 주는 자였습니다. 그야말로 지금 최전선에서 코로나 바이러스와 싸우는 의사나, 태풍이나 지진의 예보를 하는 기상청과 같은 존재였습니다.

지금은 영화나 애니메이션의 이미지 때문에, 음양사는 초능력을 자유자재로 구사하는 히어로와 같은 존재라고 인식되기 마련입니다만 실제 음양사들은 사람들의 마음속에서 재해나 질병에 대한 불안과 공포를 없애기 위해 하루하루 점을 치거나 제사를 지내는 수수한 관료에 불과했습니다. 이 책을 통해 그러한 허와 실이 섞인 음양사에 대해서 조금이라도 이해하셨다면 그만한 기쁨은 없을 것입니다.

가와이 쇼코

157

저자 프로필

글 · 가와이 쇼코(川合章子)

　오사카 출생. 불교대학 동양사학과를 졸업한 뒤, 1992년에 국비유학생으로서 우한대학으로 유학. 귀국 이후 『봉신연의』, 『삼국지』 등의 중국문학을 번역하는 한편 중국사나 일본사에 관한 서적도 다수 집필했다. 주요 저서로 『줄거리로 이해하는 중국 고전 「초」입문(あらすじでわかる中国古典「超」入門)』, 『음양도와 헤이안쿄 아베노 세이메이의 세계(陰陽道と平安京 安倍晴明の世界)』가 있으며, 역서로 『비열한 성인 조조(卑劣なる聖人·曹操)』 등이 있다.

프로필

일러스트 · 호시노 지나미(ほしのちなみ)

　군마현 출생의 사수자리 O형. 『일본의 불상 해부도감(日本の仏様解剖図鑑)』의 일러스트 담당. 그 외에 『세계에서 제일 친절한 건축기준법(世界で一番やさしい建築基準法)(초판)』, 『만약에?』 도감 시리즈 『요괴조사 파일(妖怪調査ファイル)』, 『가까운 위험생물 대응 매뉴얼(身近な危険生物対応マニュアル)』 등 다수의 서적 일러스트를 담당했다. 2020년 「아트 스낵 반쿠루와세」에서 첫 개인전을 개최. 편집 프로덕션에서 서적 제작에도 관여한다.

　Twitter: @0044arami3
　Instagram: @arami1204

『일본음양도사총설(日本陰陽道史総説)』무라야마 슈이치(村山修一) 하나와쇼보(塙書房) 1981년

『음양도의 발견(陰陽道の発見)』야마시타 가쓰아키(山下克明) NHK출판 2010년

『도설 아베노 세이메이와 음양도(図説 安倍晴明と陰陽道)』야마시타 가쓰아키(山下克明) 감수 가와데쇼보신사(河出書房新社) 2004년

『음양사 아베노 세이메이(陰陽師 安倍晴明)』시무라 구니히로(志村有弘) 가도카와소피아문고(角川ソフィア文庫) 1999년

『아베노 세이메이&음양사를 이해하는 책(安倍晴明&陰陽師がよくわかる本)』가와이 쇼코(川合章子) 고단샤(講談社) 2001년

『음양도와 헤이안쿄 아베노 세이메이의 세계(陰陽道と平安京 安倍晴明の世界)』가와이 쇼코(川合章子) 단코샤(淡交社) 2003년

『엔노 교자와 수험도의 역사(役行者と修験道の歴史)』미야케 히토시(宮家準) 요시카와고분칸(吉川弘文館) 2000년

『중국고전문학대계(中国古典文学大系)』헤이본샤(平凡社)

『일본고전문학대계(日本古典文学大系)』이와나미쇼텐(岩波書店)

신편한문선(新編漢文選)『오행대의(五行大義)』상·하 나카무라 쇼하치(中村璋八) 메이지쇼인(明治書院) 1998년

『헤이안 귀족의 세계(平安貴族の世界)』무라이 야스히코(村井康彦) 도쿠마문고(徳間文庫) 1968년

국제일본문화연구 센터 섭관가(摂関家) 고기록(古記録) 데이터베이스 (온라인 데이터베이스)

달력 페이지(こよみのページ) http://koyomi8.com/

『음양사―아베노 세이메이의 후예들(陰陽師―安倍晴明の末裔たち)』아라마타 히로시(荒俣宏) 슈에이샤문고(集英社文庫) 2002년

『음양도의 책―일본사의 어둠을 꿰뚫는 비의·점술의 계보(陰陽道の本―日本史の闇を貫く秘儀・点術の系譜)』각켄플러스(学研プラス) 1993년

『음양사의 세계(陰陽師の世界)』감수 가토 나나미(加藤七海) 다카라지마샤(宝島社) 2016년

『비설 음양도(秘説 陰陽道)』후지마키 가즈호(藤巻一保) 에비스코쇼출판(戎光祥出版) 2019년

『도해 음양사(図解 陰陽師)』다카히라 나루미(高平鳴海) 신키겐샤(新紀元社) 2007년

『음양도 주술과 귀신의 세계(陰陽道 呪術と鬼神の世界)』스즈키 잇케이(鈴木一馨) 고단샤(講談社) 2002년

『음양사란 무엇인가 피차별의 원상을 찾아서(陰陽師とはなにか 被差別の原像を探る)』오키우라 가즈테루(沖浦和光) 가와데쇼보신사(河出書房新社) 2017년

『음양사들의 일본사(陰陽師たちの日本史)』사이토 히데키(斎藤英喜) KADOKAWA/가도카와학예출판(角川学芸出版) 2014년

『아베노 세이메이 음양사들의 헤이안 시대(安倍晴明 陰陽師たちの平安時代)』시게타 신이치(繁田信一) 요시카와고분칸(吉川弘文館) 2006년

『저주와 일본인(呪いと日本人)』고마쓰 가즈히코(小松和彦) KADOKAWA/가도카와학예출판(角川学芸出版) 2014년

『음양사―아베노 세이메이와 아시야 도만(陰陽師―安倍晴明と蘆屋道満)』시게타 신이치(繁田信一) 중앙공론신사(中央公論新社) 2006년

『세계에서 제일 아름다운 만다라 도감(世界で一番美しいマンダラ図鑑)』마사키 아키라(正木晃) 엑스널리지(エクスナレッジ) 2020년

『구상도를 읽다 썩어가는 시체의 미술사(九相図をよむ 朽ちてゆく死体の美術史)』야마모토 사토미(山本聡美) KADOKAWA 2015년

음양사 해부도감
-이능의 힘과 지식을 지닌 신비의 존재-

초판 1쇄 인쇄 2022년 5월 10일
초판 1쇄 발행 2022년 5월 15일

저자 : 가와이 쇼코
번역 : 강영준

펴낸이 : 이동섭
편집 : 이민규, 탁승규
디자인 : 조세연, 김형주
영업 · 마케팅 : 송정환, 조정훈
e-BOOK : 홍인표, 서찬웅, 최정수, 김은혜, 이홍비, 김영은
관리 : 이윤미

㈜에이케이커뮤니케이션즈
등록 1996년 7월 9일(제302-1996-00026호)
주소 : 04002 서울 마포구 동교로 17안길 28, 2층
TEL : 02-702-7963~5 FAX : 02-702-7988
http://www.amusementkorea.co.kr

ISBN 979-11-274-5303-9 03910

ONMYOJI NO KAIBOU ZUKAN
© SHOKO KAWAI 2021
Originally published in Japan in 2021 by X-Knowledge Co., Ltd.
Korean translation rights arranged through DIGITAL CATAPULT INC. TOKYO

창작을 위한 아이디어 자료

AK 트리비아 시리즈

-AK TRIVIA SPECIAL